EL AMOR ES FELICIDAD

EL AMOR ES FELICIDAD

Cinco relatos de mujeres que buscan el amor

Amanda Merbu

Urano

Argentina – Chile – Colombia – España
Estados Unidos – México – Perú – Uruguay

ISBN: 978-84-18714-88-7
E-ISBN: 978-84-10495-77-7
Depósito legal: M-3.556-2025

Fotocomposición: Urano World Spain, S.A.U.

Impreso por: Rodesa, S.A. – Polígono Industrial San Miguel
Parcelas E7-E8 – 31132 Villatuerta (Navarra)

Impreso en España – *Printed in Spain*

*A la persona que siempre ha confiado
plenamente en mí y ha logrado
que yo también lo haga: mi madre.*

Índice

Nota de la autora

Creo que hay muchas formas de transmitir información. Así que, tras varios años compartiendo mi mensaje a través de Youtube, cuando desde la editorial me propusieron el proyecto de este libro, no tuve dudas en aceptar ni en saber qué quería contar. Me pareció la oportunidad perfecta para abordar, de un modo distinto, las situaciones que plasmamos diariamente en el canal; y que son vivencias que, muchas veces, no sabemos cómo afrontar, a quién acudir o qué consejos seguir.

Con estos cinco relatos, espero mostrar el papel tan esencial que juegan nuestro yo y nuestras circunstancias personales a la hora de relacionarnos sentimentalmente con otros. En estas historias, se deja totalmente de lado la vergüenza habitual de cuando contamos nuestra versión de los hechos y sale a la luz la crudeza de cómo vivimos realmente las relaciones con ciertos perfiles y en momentos vitales concretos que a veces resultan delicados; y cómo, a menudo, el amor por el otro no es tan grande como la sombra de nuestra insatisfacción ante nuestra propia existencia.

Nuestras cinco protagonistas afrontan con valentía los obstáculos y vulnerabilidades inherentes a muchas relaciones, y nos brindan la oportunidad de reflejarnos en alguna de ellas, dejándonos como enseñanza las reacciones que solemos tener en dichas tesituras y el consuelo de que los momentos más oscuros pasan para dar pie a una nueva esperanza. Porque las relaciones, al igual que las personas, no son perfectas; pero incluso la relación más imperfecta siempre aporta algo a nuestra relación con nosotros mismos.

Y, aunque los relatos son ficticios, nos muestran escenarios que he contemplado y acompañado muchas veces durante mis años como asesora sentimental, así que los he escrito con la finalidad no solo de distraer, sino también de prevenir y ayudar a quien lo lea y pueda estar en situaciones similares. Por eso, al final de cada historia hay una serie de preguntas que invitan a reflexionar sobre lo que les ocurre a los personajes —cómo actúan, cómo se siente, etc.—, así como algunas conclusiones para mostrar cuál es la conducta o contexto sobre los que he querido poner el foco en cada una de las relaciones. Todo ello, para invitar a los lectores a profundizar en el tema y, sobre todo, para que puedan sentirse comprendidos y acompañados en aquellas conductas sentimentales de las que no se enorgullecen, pero que son más frecuentes de lo que creemos. Para que sepan que no están solos y que el amor que uno da siempre termina regresando.

RELATO 1:

Una vida perfecta

—Tú no lo entiendes porque tu vida es perfecta.

Aquella frase sentenciadora flotaba en la cabeza de Julia. Se la había soltado Susana, una de sus compañeras de *crossfit*, después de que Julia intentara dar su opinión sobre los problemas que la primera estaba contando al grupo durante el ya tradicional café de los viernes.

Una vida perfecta... Posiblemente así se viese la vida de Julia desde fuera. Una vida que, sin duda, había comenzado a formarse el primer día de universidad. Allí había conocido a Diana, su inseparable compañera con la que llevaba un negocio digital de asesoramiento de imagen; a Raquel y Félix, amigos que hoy formaban una pareja ideal para compartir desde un vino a una vuelta al mundo, y por último —pero no menos importante—, a Martín, que nada más verla se le había acercado para preguntarle si aquella era el aula donde impartían Derecho Civil. Aquello había sido una excusa para entablar una conversación —tal y como reconocería él más adelante— que había dado pie a una relación envidiada desde fuera por ser cómplice, romántica y avanzar sin miedo y en línea recta hacia el altar; por donde pasarían, tras la graduación de Martín, para darse el sí quiero frente a familia y amigos.

A diferencia de él, Julia no había terminado la carrera, pero no lo concebía como un fracaso, sino como un cambio de rumbo. Hoy en día, era una mujer que se sentía realizada en su profesión, a la que se dedicaba plenamente por dicho motivo y no porque lo necesitara económicamente, ya que Martín ganaba más que suficiente para mantenerlos a ambos y a los mellizos, Damián y Mía; unos pequeños adorables de casi seis años que, tras su llegada a la vida de Julia, la habían colmado de amor y muy poco tiempo para plantearse su propia existencia.

A pesar del miedo compartido con Martín al enterarse de que estaba embarazada de dos, tras estrenarse como madre por la puerta grande, hasta ella se había sorprendido ante su capacidad de gestionar y poder con todo. Era cierto que recibía ayuda tanto de Ana María —la madre de Martín, abuela primeriza y entusiasta que vivía a solo dos minutos de su casa—, como de Noa —una niñera joven y llena de energía que venía casi todas las tardes unas horas—; pero a pesar de ello Julia no se quitaba mérito porque era una madre entregada, de las que cuentan el cuento por las noches, preparan sus propias galletas en vez de comprarlas, asisten a las reuniones del colegio y juegan hasta los días más largos y extenuantes. También era una buena esposa, de esas que cuidan la relación más allá de la familia procurando tiempo de calidad en pareja, ya fuese saliendo a cenar o entrenando con la luz apagada bajo las sábanas varias veces al mes. Y, por último, era una mujer moderna que conocía la importancia de sacar tiempo en su *planning* semanal para cuidarse. Así lo hacía religiosamente, asistiendo a actividades como *crossfit*, donde una compañera que apenas la conocía de nada se tomaba la libertad de determinar que su vida era perfecta. Y probablemente así era. Todos lo veían, todos lo pensaban, incluida la propia Julia; o al menos así había sido hasta que conoció a Sebastián y, de pronto, esa vida tan perfecta, envidiada y libre de fallos empezó a serlo solo de cara a la galería.

Nadie, absolutamente nadie, podía imaginar que Julia tenía un secreto. Y menos aún que fuera uno que la hacía sentirse como una impostora ante todos y que la mantenía en vilo muchas noches y ensimismada muchas mañanas. Cargaba con ese peso en absoluta soledad y ello la llevaba, muchas veces, a sentir la emoción más fea que había experimentado jamás y que nunca se hubiese atrevido a expresar en voz alta por aberrante: la idea de que ojalá no tuviese esa vida tan perfecta.

Era horrible. ¿Cómo podía tan siquiera pensarlo? ¿Cómo podía ser tan desagradecida? Pero así era. Si Julia no hubiese conocido jamás a Martín o si él, en vez de ser un hombre tan bueno y atento, fuese más parecido al tipo aprovechado con el que andaba Susana y del que se quejaba a boca llena frente a todos durante el café, el mundo entendería que Julia necesitase un refugio. Si Julia no tuviese esos hijos tan maravillosos y esa vida tan acomodada y repleta de vivencias propias de una estampa navideña, no tendría que vivir con esa falta de aliento que en ocasiones experimentaba y que la llevaba casi a desvanecerse por la culpa. Julia no era libre; era esclava de una vida idílica que nadie en su sano juicio abandonaría. Ella, sin embargo, teniéndolo todo, envidiaba a las que no tenían nada.

¿Qué hubiese pasado si esa tarde, en vez de ser ella quien había doblado la esquina con el coche sin mirar al volante, hubiese sido Susana? Tras chocar con el coche de Sebastián y toparse de bruces con esa frescura, el intercambio de papeles de las aseguradoras podría haber sido tan solo el preámbulo de una historia de amor; hubiesen sido libres para vivir en absoluta plenitud aquello que hubiesen deseado. La forma curiosa en que se habrían dado las circunstancias se habría convertido en esa anécdota divertida que se cuenta a la gente acerca de cómo os conocisteis y todas las compañeras de *crossfit* atenderían con entusiasmo al relato. Pero no era el caso de Julia, que jamás había contado nada a nadie sobre aquella tarde, más allá de mencionar que había tenido un leve choque con el coche. Nadie sabía del impacto que había experimentado al ver por primera vez a ese joven tan guapo y educado, agachado frente a la ventanilla de su coche con cara de preocupación, preguntando si se encontraba bien. Había jugado muchas veces con la idea de hablarle a Diana acerca de aquel día; de cómo ella, que era tan alegre y parlanchina, había estado más bien callada durante el rato que habían estado rellenando los papeles del seguro en un bar cercano a la colisión, por andar inmersa en los movimientos y gesticulaciones de aquel desconocido.

No era su tipo. No se parecía ni lejanamente a Martín ni a ningún exnovio o amiguito que hubiese tenido jamás y, a diferencia de la mayoría de las personas que aseguraban no tener un prototipo determinado, ella sí lo tenía. Desde el jardín de infancia, al experimentar por primera vez una extraña fascinación ante todo lo que atañía a Pablito Ruiz Zamora, había tenido claro que le gustaban los rubios con aspecto ordenado y cara angelical. Ella siempre había tenido la clase de novios que uno presenta a sus padres con gusto. Y, desde luego, Sebastián andaba lejos de ese perfil. Sus movimientos eran nerviosos, demasiado entusiastas y a la vez un tanto desgarbados; su pelo oscuro pedía a gritos un peinado decente, y, en cuando a la vestimenta, casi mejor ni entrar a valorar su estilo. En eso pensaba Julia mientras, sentada frente a él, no podía evitar recorrerlo de arriba abajo con la mirada, reparando en cada minucioso detalle de ese hombre. Aunque lo verdaderamente sorprendente había sido su poca resistencia cuando Sebastián había sugerido:

—Si quieres, dame tu número y te contacto cuando me digan algo los del seguro.

Julia había accedido automáticamente sin tan siquiera pensarlo. Ella, que debía ser la primera inscrita en la lista Robinson para evitar llamadas indeseadas, la misma que obligaba a Martín a cargar con los grupos de WhatsApp de los padres del colegio o la que derivaba las llamadas de clientes al teléfono de su socia. Pues sí, esa misma Julia era la que había marcado sonriente y sin titubear los dígitos en la pantalla del móvil con carcasa gastada de Sebastián, y eso no era normal. Cualquier persona que la conociese bien hubiera dicho que ese detalle era muy raro, pero desde luego Julia no le había contado lo ocurrido a nadie. Y, desde luego, ni ella entendía cómo algo tan inocente había pasado a ser algo tan indecente.

Cuando echaba la vista atrás, podía recordar el día en que Sebastián la había llamado mientras ella estaba con los niños y su suegra en el supermercado. Tras una breve conversación, ella había comentado tranquilamente que acababa de hablar con el chico con el que había tenido el incidente con el coche:

—Se ha tomado la molestia de llamar para contarme que ya está todo resuelto con el seguro —había dicho sin más.

Lo que no entendía era cómo había pasado de eso a tener un chat archivado para que los mensajes no iluminasen la pantalla cuando estaba acurrucada con su marido en el sofá.

Las charlas que tenían no eran reprochables en cuanto a su contenido, solo eran absolutamente innecesarias y poco a poco se habían ido convirtiendo en personales. ¿Qué necesidad tenía Julia, a sus treinta y ocho años, de andar mandándose mensajes con un muchachito de tan solo veinticuatro? Su edad la había averiguado tras fisgar en Internet y dar con sus redes sociales usando los datos que figuraban en el parte del accidente. Gracias a esa investigación también había descubierto que estaba opositando para bombero y que había pasado unos años trabajando de camarero en el extranjero. No parecía tener novia, pero sí un perro adorable; un labrador color chocolate al que sacaba a relucir en sus fotos sin camiseta, dando una connotación tierna a semejante estampa.

Probablemente las fotos de Julia en redes haciendo galletas en la cocina con sus hijos resultaban bastante menos insinuantes, pero lo que no entendía era qué la impulsaba a hacer ese tipo de cosas tan inusuales en ella como andar cotilleando en Internet y mandándose mensajes simpáticos con un chico de veintitantos.

Lo cierto era que no podía evitar experimentar una emoción intensa de recompensa cada vez que, al revisar el teléfono, se encontraba con alguna notificación de Sebastián. Él le ofrecía novedad, le producía una alegría extraña que había comenzado siendo sutil, pero que había pasado a ser imposible de obviar el día que había sentido un intenso calor en su entrepierna al leer: «Tengo ganas de volver a verte».

Desde luego que eso era algo que ella también deseaba, pero al ver esa frase su mente había empezado a navegar veloz por otros derroteros, unos en donde la practicidad y la moralidad se mezclaban lanzándole cuestiones del tipo: «Pero ¿dónde? ¿Cuándo? ¿Y si alguien nos ve? ¿Qué estoy haciendo?». Esas cábalas la habían paralizado, convirtiendo ese mensaje —no contestado— en el más releído de toda su vida.

El choque de realidad que había supuesto era innegable, pero la interpretación que ella hacía de esas palabras, a pesar de ser evidente, iba cambiando como un camaleón según el ánimo o el momento del día en el que Julia agarrase el móvil para volver a buscar el chat de «Sebastián accidente». Sin duda era todo un atropello de emociones. Muchas mañanas sus pensamientos llegaban a tal grado de inocencia que se cuestionaba si igual solo quería que quedaran como amigos. «Le habré caído bien», se decía a sí misma. En cambio, por la tarde-noche, la cosa cambiaba y fantaseaba con un acercamiento inadecuado. Lo cierto era que se pasaba el día con la cabeza en las nubes, algo que resultó evidente la tarde en que estaba en la cocina con Noa, la niñera, y su pregunta le hizo caer en la cuenta de que estaba totalmente desconcertada.

—Entonces el miércoles no tengo que llevar a los niños al deporte, ¿verdad? Iréis Martín y tú —dijo Noa mientras ambas recogían la mesa tras la merienda de los mellizos.

—¿El miércoles? —incurrió Julia, sin tener ni idea de qué le estaba hablando.

—Sí, como es la exhibición de... —comenzó a explicar Noa y Julia la interrumpió rápidamente en un intento avergonzado de disimular su despiste.

—Ah, sí, sí, claro, es que aún no lo he hablado con Martín. Llevamos unas semanas de mucho follón con el trabajo y no lo hemos comentado, pero sí, tú no te preocupes, no es necesario que vayas —dijo Julia mientras agarraba su móvil con la intención de escribirle a su marido y se quedaba poco menos que petrificada al ver que, por la parte superior de la pantalla, se anunciaba un nuevo mensaje del único chat que tenía archivado.

Salió de la cocina dándole a Noa una excusa tonta y se metió en el baño. Una vez resguardada, pulsó para leerlo. El mensaje decía: «Siento mucho haberte incomodado, no era mi intención, de verdad. No volveré a molestarte». A Julia se le dispararon un gran número de sensaciones extrañas y desconocidas hasta entonces que la recorrieron de arriba abajo haciendo que su mano temblara mientras sostenía el teléfono. La simple idea de que con esas palabras todo quedara resuelto le resultaba tortuosa. Tras inspirar profundamente un par de veces, se apoyó en el lavabo, abrió el grifo y bebió un poco de agua. Al levantar la cabeza y toparse con su reflejo en el espejo, sintió estar devolviéndole la mirada a una desconocida que estaba a punto de cometer una locura. Tomó nuevamente el teléfono entre sus manos temblorosas y escribió: «No me incomodas para nada. Si el miércoles estás libre, podemos vernos», y soltó el aparato inmediatamente. Se quedó inmóvil, mirando el teléfono sin siquiera poder pensar las consecuencias de lo que había hecho y, cuando recibió la respuesta, el corazón le dio un vuelco.

—Perdona —se disculpó con Noa al salir del baño—, ya lo he coordinado con Martín e irá él; yo tengo que atender unos asuntos del trabajo, pero tú no es necesario que te ocupes, gracias.

* * *

Al día siguiente, Julia solo podía pensar en que volvería a ver a Sebastián. Apenas había pegado ojo la noche anterior tras acordar el encuentro. Todavía no estaba segura de si acabaría presentándose o no, pero se sentía emocionada, nerviosa y culpable a partes iguales. No estaba acostumbrada a tanta fluctuación interna. Como un barco a la deriva pasaba, en segundos, de tener la firme idea de bloquearlo y olvidarse de todo el asunto —sobre todo mientras observaba al dulce Martín ajeno a tan cruda realidad, tomándose tranquilo el café de la mañana o terminando de peinar a los pequeños para el cole—, a fantasear con el encuentro mientras tarareaba alegre en el coche la canción que sonaba por la radio y se anticipaba ya en los brazos de Sebastián camino al trabajo.

Aquel día, estar con Diana en la oficina y no hablar con ella de lo que le preocupaba fue insoportable. El no poder compartir con su amiga y socia un secreto de semejante envergadura era imposible de sostener. La miraba fijamente mientras ella repasaba los albaranes de entrada del género como si pudiera, por telepatía, gritarle que necesitaba su consejo ante tal encrucijada. Pero había un motivo casi inconsciente que la frenaba a hacerlo, y era el hecho de que Diana probablemente le hubiese desaconsejado ir a la cita. Ella le hubiese puesto los pies en la tierra, y lo cierto era que Julia quería ir a ese encuentro. Lo deseaba con fervor. Había fantaseado tanto con ello que en su mente ya era una realidad.

—¿Necesitas algo? —le preguntó Diana al sentir la mirada inquisitiva de Julia en su nuca.

—Ah, no, nada… Bueno, sí… Mañana tendré que salir un poco antes, los *mellis* tienen una exhibición de deporte en el cole, ya sabes…

Era increíble. Se escuchaba a sí misma hablar como si un ente extraño se hubiese adueñado de su cuerpo. La facilidad con la que Diana la había creído sin reservas resultaba un alivio, aunque, en realidad, ¿qué motivos debería tener para no hacerlo?

* * *

Frente al espejo, Julia analizaba con detenimiento su cuerpo como no lo había hecho en años. Con gesto de preocupación, detenía la mirada sobre la celulitis en la parte posterior de sus muslos y las estrías que rodeaban su ombligo a modo de recuerdo del embarazo. Conservaba un peso bastante similar al que tenía a sus veinte, pero, a pesar de sus esfuerzos cuidando la alimentación y haciendo deporte, estaba bastante menos en forma. ¿Qué pensaría Sebastián, que hacía tanto ejercicio como preparación a sus oposiciones, al encontrarse con su pecho ya algo caído? Nuevamente se sorprendió con sus pensamientos; ¡solo habían quedado a tomar un café en el mismo sitio en el que se habían pasado los datos después del choque, y ella ya visualizaba escenas de desnudos! Sintió ganas de abandonar aquel plan absurdo, pero esas ganas de huir ante lo desconocido e inmoral no se traducían en acciones. Ni siquiera cuando Martín se acercó por la mañana para despedirse con un beso, el sentimiento de repulsa que sintió hacia ella misma fue suficiente para renunciar al encuentro de esa tarde. No siempre se despedía así; a veces las prisas en días ajetreados alcanzaban apenas para un: «Luego te llamo». Julia pensaba últimamente en esos días; en las ocasiones en las que podía hacer encajar a Martín en el perfil de marido desconsiderado y justificar que, por descuidar su matrimonio, él la había empujado a esa situación... Era cierto que habían quedado muy lejos aquellos días en los que ambos se recreaban horas en la cama entre caricias, al igual que aquellos en los que Martín miraba a Julia con admiración profunda mientras ella le contaba cualquier cosa. Pero ¿acaso Julia seguía actuando como al comienzo? ¿Seguía siendo la misma chica que solía dejarle a Martín notitas con mensajes dulces entre las hojas de su portafolio? Para nada. Del mismo modo que tampoco era la Julia que se maquillaba con música a todo volumen frente al espejo ni la que soñaba con montar un prestigioso bufete. En cualquier caso, lo que le sucedía con Sebastián no tenía nada que ver con Martín. No era un castigo para él, sino un premio para ella, que últimamente experimentaba una ilusión que había quedado enterrada con el tiempo.

Los nervios que estaba experimentando eran insostenibles. Probablemente de ahí el temblor que sentía en el cuerpo mientras avanzaba por la calle para llegar a donde habían acordado verse. Miró una vez más la pantalla del móvil, que había puesto en silencio, para comprobar que llegaba puntual. No tenía claro si quería que él estuviese ya ahí esperándola. Paró un segundo frente a un escaparate para lanzar un último vistazo y, tras recolocarse el pelo, dobló la esquina hacia la entrada de la cafetería. No tardó en verlo, seguramente por su movimiento entusiasta de alzar el brazo y saludarla desde la mesa del fondo. ¿Por qué tenía que ser tan indiscreto?, se preguntó. Sin embargo, tras acercarse a la mesa y estar nuevamente frente a esa sonrisa, volvió a sentirse como cuando habían chocado sus coches.

—Estás muy guapa. ¿Has encontrado aparcamiento fácil? —se interesó mientras avisaba con la mano al camarero para que les tomase nota.

—Sí, sí, ha sido sencillo, me traes suerte. —Nuevamente, aparecía esa Julia con ganas de bromear constantes que le nacían cuando hablaba con él.

Aunque no lo mencionó, ella también lo veía muy guapo; condenadamente guapo.

Julia estaba realmente muy nerviosa, como si fuera una quinceañera. Afortunadamente, tras unos sorbos a una cerveza y un poco más de conversación, se fue relajando. Hablaron sobre cosas banales y terminaron su bebida, y ella comenzó a pensar que había sido una idiota. El chico solo pretendía ser su amigo y ella había imaginado de todo menos eso. Comenzó a sentirse un tanto incómoda de sus fantasías hasta que de pronto escuchó:

* * *

—Vivo aquí cerca. Si no tienes prisa y quieres, podemos tomar la siguiente en mi casa. —Sebastián la miraba con una expresión que era a la vez tan pícara como inocente.

Julia temió que el temblor en las piernas que estaba sintiendo llegara a mover la mesa y se apresuró a ponerse las manos sobre las rodillas tratando de calmarse. ¿Qué le pasaba? Había fantaseado con ese momento durante semanas, pero gestionar la emoción intensa de anticipar lo que estaba a punto de acontecer era complicado. Sebastián la miraba esperando una respuesta y Julia sabía cuál sería.

—Bueno, ¿por qué no? —respondió.

Salieron del bar y caminaron unas calles en silencio. Al llegar al edificio, y como si él pudiese respirar de algún modo la fragilidad que emanaba de ella, Sebastián la tomó de la mano para subir las escaleras que conducían hacia su piso y ella sintió como si, con ese sencillo gesto, él le hubiese dado justo lo que necesitaba en ese instante: confianza.

—Ya te he dicho que no te esperaras gran cosa... —se excusó tras abrir la puerta y, en tan solo un par de pasos, enseñarle el estudio en el que vivía.

El sitio era pequeño y apenas tenía muebles, pero resultaba acogedor y estaba bastante más ordenado de lo que ella esperaba, salvando alguna pelusa de pelo color chocolate de su perro.

—¿Qué quieres tomar? —le dijo mirándola fijamente.

En ese instante, al cruzar sus miradas, fue como si ambos se hubiesen despojado de las ganas de disimular lo que realmente deseaban y, con un movimiento suave pero seguro, él la agarró de ambas manos y, tirando de ella, la acercó para besarla. Julia experimentó esa sensación que ya conocía, pero que en cierto modo había olvidado: la de sentir que la gravedad desaparecía a medida que su boca se fundía con la de Sebastián. Ya no había vuelta atrás. Tras unos minutos sin detener esos besos tan imaginados a los que por fin daban rienda suelta, ambos se detuvieron para mirarse.

—No imaginas las ganas que tenía de hacer esto —dijo él, sosteniéndole la cara entre sus manos.

Una vez más, era él quien expresaba lo que ambos pensaban. Julia podía notar el latir fuerte de su corazón en el pecho mientras Sebastián la tomaba nuevamente por la cintura y la llevaba al sofá-cama que se ubicaba a un costado de la habitación. Los miedos acerca de cómo reaccionaría al verla desnuda se disiparon al percibir el fuerte deseo que sentía por ella y ver que todo fluía con total naturalidad, como si sus cuerpos se hubiesen conocido de mucho antes. Su olor, sus manos y hasta la manera de tocarla le resultaban familiares. Era la segunda vez que veía a ese chico en su vida, pero eso no le impidió entregarse sin reservas al placer.

* * *

Más tarde, tras aparcar el coche en la entrada de su casa, se miró fijamente en el espejo retrovisor, buscando de manera inconsciente alguna marca o señal que pudiese delatarla. Martín y los niños todavía no habían regresado, así que ella comenzó a preparar algo para cenar. Haría una tortilla y palitos de pescado; los mellizos volverían cansados y esa era su comida favorita.

Cuando los oyó llegar se puso un poco nerviosa, pero Martín andaba preocupado por un tema del trabajo y no le planteó ninguna de las preguntas para las que Julia se había estado preparando, así que ella no tuvo que inventar mentiras acerca de un nuevo cliente algo exigente para justificar por qué no había asistido a la exhibición y tampoco nadie se percató de que le faltaba el pañuelo que llevaba atado al cuello por la mañana. Todo estaba como siempre. Todo menos ella.

Tumbada en la cama, esa noche no podía parar de revivir el instante en que él se la había acercado para besarla. Recordaba su olor, que de un modo muy sutil seguía sintiendo impregnado en ella, provocándole un pellizco en el estómago al aspirarlo con fuerza. Aprovechando que Martín ya estaba dormido, revisó su teléfono y sintió una leve decepción al ver que no tenía ningún mensaje nuevo en el chat archivado. Era cierto que hacía muy poco que se habían despedido, pero ella ya anhelaba más. Así que, impulsada por la emoción de lo recién vivido entre ambos, se animó a ser ella quien le enviase un «buenas noches».

Tras dejar el teléfono en la mesita de noche, se reclinó sobre su almohada y, como si hubiese viajado a su tierna adolescencia en la máquina del tiempo, se imaginó acostada sobre el pecho de Sebastián.

* * *

—Mamá, me duele la barriga —la despertó con voz aguda Damián, que estaba junto al cabecero de su cama reclinándose con un gesto de dolor.

—Ay, ven aquí, cariño. ¿Te diste algún golpe ayer haciendo deporte? —preguntó, extendiendo los brazos para meter al pequeño querubín en su cama—. Fiebre no parece que tengas —determinó tras poner la mano en su frente—. Voy a ir a prepararte una manzanilla.

Al día siguiente, en la sala de espera del pediatra, Julia no podía evitar sentirse profundamente culpable. Su parte racional sabía que no tenía sentido alguno —probablemente solo fuese el típico virus gástrico que le había pegado un compañero de clase—, pero, mientras observaba a Damián pálido y algo apagado entre sus brazos, una parte de ella no podía evitar pensar en ello como un castigo divino.

La mañana había empezado fuerte y tener que avisar rauda a Ana María para que llevase a Mía al cole, coordinarse con Martín por el tema de la comida y decirle a Diana que iba a llegar tarde la había mantenido demasiado ocupada como para revisar el chat; y ahora que sí podía se sentía demasiado mal como para querer hacerlo.

—Que coma solo si tiene apetito. Si sigue sin fiebre ni vómitos, mañana debería estar perfecto.

El previsible diagnóstico alivió, al menos en parte, esa carga de ser una mala madre que la atormentaba. En el coche, de camino a casa, tuvo el deseo de comprometerse con la idea de dejarlo todo estar. Solo había sido un capricho inevitable, fruto probablemente de acercarse a los cuarenta. Pero una vez en casa, viendo a Damián dormido plácidamente en el sofá, sus mejores intenciones no fueron suficientes para evitar que revisase el chat.

La desagradable sorpresa de ver que Sebastián no había contestado la atravesó como un rayo. No podía entenderlo ni quería entrar a justificarlo. En el momento en que empezó a elucubrar ideas del estilo «¿y si aún estaba durmiendo?» o «no habrá querido molestarme», un sentimiento de rabia frenó en seco sus pensamientos y dio pie a un discurso bien distinto. Uno en el que se sentía ridícula y miserable por estar fallando en todos los aspectos de su vida —laborales y familiares— por alguien que, lejos de agradecer o valorar aquel sacrificio, no contestaba ni un mensaje. ¿Y si no le había gustado el encuentro? Las dudas, el enfado y la pena subyacente de pensar que aquel era el fin de la historia la llevaron a estallar en un llanto desconsolado. ¿Por qué? ¿Por qué había tenido que complicarse así la vida?

Sonó el teléfono y a Julia se le congeló la sangre por un momento, pero era Diana, que había llamado para preguntar por Damián.

Por más que lo intentó no pudo disimular su voz afligida y a su socia no se le pasó inadvertido ese detalle.

—¿Estás bien, Julia? —le preguntó, y eso fue el detonante que casi la llevó a confesarlo todo. Tenía que compartir aquel peso con alguien y justo en ese momento, antes de que comenzara a soltarlo todo, un Martín cargado con bolsas de la compra entró por la puerta; fue la primera vez en todos los años que llevaban juntos que Julia no sintió alegría al verlo llegar y tuvo que realizar el extenuante ejercicio de fingir que todo estaba bien mientras se apresuraba a terminar la conversación con Diana y se disponía a ir a la cocina a ordenar las compras.

* * *

A los dos días, Julia seguía sin recibir noticias en el chat de archivados, y ahí estaba otro viernes más, rodeada de sus compañeros de *crossfit*, preguntándose cómo en tan poco tiempo el mundo se le había puesto tan patas arriba. El día anterior había resultado de lo más tortuoso. Ni con sus mayores esfuerzos había podido reprimir la necesidad constante de revisar una y otra vez el chat de Sebastián, hasta el grado de tomar la determinación de borrarlo. ¿Cómo era posible que el viernes anterior estuviese sentada en esa misma mesa teniendo la opción de verlo como una elección improbable, y hoy fuese tortuosa la incertidumbre de no tener noticias suyas?

Los días pasaban y Julia estaba tan irascible que no se soportaba ni ella. Sabía que eran injustas las discusiones que tenía con Martín por detalles ridículos, así como su poca tolerancia ante las tonterías habituales de los *mellis*. Estaba gritona y cascarrabias. «Creo que estás muy estresada, cariño», le había dicho esa noche su marido después de una pelea tonta en la que ella se había puesto muy nerviosa; y la realidad era que Julia estaba mal sin derecho a estarlo. Nadie sabía que estaba triste, ni mucho menos por qué, y no merecía ningún tipo de compasión, ni siquiera la suya propia. Tenía la sensación de que en solo unos días su vida había mutado y todo lo veía bajo un prisma existencial pesimista. Sabía que era ridículo seguir pensando en Sebastián; que, por mucha emoción que le provocara, ese romance no iba a ningún otro lado que no fuera un futuro incierto, y esa no era su idea de vida. Su vida eran los ronquidos y chistes malos de Martín, las pataletas y discusiones de los *mellis*, los clientes que buscaban asesoramiento y luego intentaban imponer su criterio, y el ver cómo la vida fluía en un devenir constante de superar obstáculos e intentar cuidarse para frenar un envejecimiento inevitable.

«Dios mío, te haces mayor», pensó mientras se untaba frente al espejo su crema *antiaging*. Resultaba evidente que Sebastián no debía sentir lo mismo que sentía ella. ¿Cómo se le había tan siquiera ocurrido la idea de que ella podía resultarle atractiva a un chico tan joven y apuesto como él? Tras secarse las manos con la toalla, revisó en su móvil la hora de la reunión del día siguiente y se topó de bruces con un mensaje de Sebastián. Su corazón se aceleró de tal manera que el cansancio de aquel día largo y tedioso desapareció de golpe. Era la primera vez en días que veía su nombre en el teléfono y se apresuró a deslizar el dedo, aún un poco pringoso, por la pantalla. «No dejo de pensar en ti. ¿Cuándo volvemos a vernos?», leyó. Estática, como petrificada ante cada una de las palabras que componían el mensaje, sintió cómo una euforia galopante se adueñaba de ella en segundos, barriendo todo el enfado y la tristeza acumulados durante los días anteriores. Se apoyó contra el lavabo con el teléfono entre las manos sin poder quitar sus ojos de la pantalla. No era una niña y sabía que, si realmente tanto había pensado en ella, hubiese podido —para empezar— contestar su mensaje; pero lo que esas palabras le hacían sentir era tan potente que no podía razonar. Solo quería sentir la alegría intensa que la inundaba con tan solo la idea de que él la hubiera echado de menos. Prefería creerlo e imaginarlo soñando despierto con ella, como ella había estado haciendo con él; no quería usar la lógica, quería entregarse a ese extraño hechizo tan solo un poco más.

«Un encuentro más y seré yo la que acabe poniendo punto final a esta locura», se dijo mintiéndose a sí misma. Total, el agravio ya estaba cometido y, para no sentirse tan mal como la vez anterior, necesitaba ser ella quien diese por zanjado el asunto.

Quedaron para verse al día siguiente. Julia no podía esperar ni un solo minuto más para terminar con todo aquello y esa noche se acostó con la firme decisión de que el encuentro solo sería para poner fin a esa historia. Hablaría con él y le explicaría que no podían seguir viéndose. La razón se imponía en sus pensamientos y eso la tranquilizó y sintió que, de alguna manera, no estaba dominada por las emociones que él le despertaba, sino que volvía a tomar las riendas de su vida.

* * *

Parada frente a la puerta de la casa de Sebastián, segundos antes de tocar el timbre, se sentía diferente, más segura. Tenía claro todo lo que le diría; quería terminar las cosas bien, pero no quería dar lugar a ambigüedades ni malentendidos. Sin embargo, algo se torció en los planes de Julia en el momento en el que él la saludó con su amplia sonrisa abriendo la puerta del apartamento. Lo miró y sintió que estaba pisando el cielo; y cuando él la abrazó y ella se fundió en su pecho, experimentó esa sensación que se tiene cuando algo ya no se limita a lo carnal, sino que se vuelve sentimental. En tan solo unos minutos, él recorría minuciosamente cada centímetro de su cuerpo mientras ella se entregaba sin reservas, al tiempo que controlaba que un «te quiero» no se le escapara de su boca.

Acostada en la cama, mientras el sol del mediodía entraba por la ventana, Julia no podía dejar de mirar a ese hombre que la besaba entre bromas y caricias postcoitales. ¿Era así? ¿Acaso era cierto? ¿Quería a ese chico que en el fondo nada tenía que ver con ella?

—Has estado muy silencioso estos días —le dijo ella, cesando con esa frase las risitas de enamorados. Luego, mirándole con cierto reproche, prosiguió—: Llegué a pensar que no te había gustado nuestro encuentro.

Sebastián la miró y, con un arqueo de cejas que denotaba su evidente sorpresa ante lo escuchado, se incorporó para sentarse en la cama. Acto seguido, contestó:

—¿Cómo puedes pensar eso? ¡Me encantas! Te miro y no me creo que estés aquí —dijo girándose un poco para quedar semirrecostado sobre ella.

—Y... ¿qué sientes? —indagó ella, aprovechando que parecían sincerarse.

—Que he triunfado —respondió él mientras le retiraba con dulzura un mechón de pelo de la cara.

Julia, que no podía contener su entusiasmo cada vez que él se le acercaba, lo miró dudando de si aquella respuesta le agradaba o no, pero tampoco quiso seguir indagando en ese momento. Se levantó y comenzó a vestirse, debía volver a la oficina. Lo que estaba claro era que no tenía intención alguna de comunicarle que no quería seguir viéndolo.

* * *

Nuevamente en la oficina, Julia no podía dejar de pensar en lo que acababa de pasar. Mientras Diana le hablaba sobre los temas que debían tratar en la reunión que tenían esa misma tarde con un cliente importante, ella intentaba seguirla sin éxito, perdida en el recuerdo de los besos y caricias que Sebastián le había dado hacía menos de una hora. Diana le consultó algo sobre unas fotografías que había sacado de una carpeta y ella la miró sin saber qué responder; no había escuchado siquiera la pregunta.

—A ti te pasa algo —le dijo su amiga sin titubear. Su firmeza a la hora de decir las cosas era una de las cualidades que más le gustaban de ella.

—¿Por qué lo dices? No me pasa nada. Lo siento, he dormido poco... —se justificó intentando restarle importancia.

—No se trata de hoy, Julia. Llevas ya un tiempo rarísima. Tienes la cabeza en cualquier lado y un humor muy cambiante. Y ¡no me cuentas nada!, por no decir que hace unos días... —Diana guardó un momento de silencio, como dudando de si atreverse a terminar la frase. Tras ver que Julia la miraba expectante, se armó de valor y prosiguió—: Cuando me dijiste que tenías que irte por lo de la exhibición de los *mellis* en el cole... Sé que no fuiste a verlos... —dijo Diana bajando un poco la voz como si alguien más pudiera escucharla.

—He conocido a alguien. —Las palabras salieron de su boca y Julia no pudo dar crédito a lo que acababa de decir.

La cara de piedra que se le había quedado a Diana hacía más evidente la locura de todo aquello, pero estaba cansada de mentiras. Necesitaba compartir lo que estaba viviendo con alguien, y quién mejor que con su amiga más leal.

—¿Estás hablando en serio? —dijo Diana justo antes de acribillarla a preguntas mientras se acercaba a Julia rodando con su silla—. ¿Cuándo? ¿Cómo? ¿Dónde? ¿Quién es?

—No sé ni por dónde empezar. ¿Te acuerdas de que tuve un choque con el coche hace un tiempo? —dijo Julia.

—Sí. No... No, no me digas que es el chico con el que tuviste el accidente. Ese tan majo que te dijo que te llamaría para decirte cómo seguía el tema con el seguro... ¡Ahhhh, noooo! ¡No era por eso por lo que te quería llamar! —exclamó Diana entre sorprendida e intrigada.

—No. No fue por eso por lo que me llamó, no exactamente —respondió Julia avergonzada.

A medida que le iba explicando a Diana lo sucedido, empezó a darse cuenta de que igual hubiese sido mejor callarse. No solo por las caras y gestos de su amiga, sino porque, ahora que lo expresaba en voz alta e incluso bajo su prisma de enamorada, lo que estaba viviendo no sonaba tan bien. Y eso que aún no había empezado a contar cómo el no tener noticias de Sebastián le impedía proponer planes con su propia familia, cómo había llegado a fingir migraña para quedarse sola ni de cómo había pasado ese rato subiéndose por las paredes mientras elucubraba qué estaría haciendo Sebastián en aquel momento, y si estaría acompañado. Julia era consciente de que aquello resultaba cínico teniendo en cuenta que ella estaba casada; pero la realidad era que, a pesar de su estado civil, Julia le estaba siendo fiel en el sentido más amplio de la palabra: sus pensamientos, su deseo, sus sentimientos e incluso su intimidad eran solo para él.

También le contó a su amiga cómo la desesperación la había hecho sentirse una idiota por pensar que un chico como él podía fijarse en una mujer como ella y cómo había saltado de emoción cuando por fin él le había escrito para decirle que deseaba volver a verla.

—Sé que quizás debería dejarlo, pero me hace sentir como una adolescente enamorada. Me hace sentir deseada... No puedo dejar de pensar en él, en cómo me mira, en cómo me besa. Hoy he tenido que contenerme porque casi se me escapa un «te quiero», pero creo que él también siente algo por mí, aunque aún no hemos hablado de sentimientos. No sé cómo voy a volver a casa y mirar a los ojos a Martín y a los niños, quizás debería hablarlo con él y contarle la verdad de lo que sucede —dijo Julia ante la mirada atónita de su amiga, que llevaba unos minutos en silencio.

—Espera, espera. ¿Estás diciendo que estás pensando en hablar con tu marido? —le dijo Diana mientras intentaba asimilar todo lo que había escuchado.

—Lo sé... Suena como una locura —dijo Julia—, pero no paro de pensar que quizás todo esto se debe a que ya no quiero a Martín —continuó, y el hecho de escucharse realizando esa afirmación le resultó aterrador.

—Julia, sabes que eres una de las personas más importantes de mi vida, ¿verdad? Y me alegro de que te hayas atrevido a contarme todo esto, pero... ¿Me estás diciendo que te has planteado dejar a tu marido para estar con un chaval de veinticuatro años que has visto un par de veces? ¿Vas a tirarlo todo por la borda por un romance que no tiene ni pies ni cabeza? ¿Has pensado en tus hijos? —Diana se calló de manera abrupta al ver cómo dos grandes lagrimones resbalaban por las mejillas de Julia y se acercó a ella para darle un fuerte abrazo.

—Si lo sé... Sé que tengo que dejar esta historia ridícula con Sebastián —sollozó Julia mientras se dejaba arropar por los brazos de su amiga.

Y así lo había hecho. Después de esa charla con Diana, Julia había decidido borrar definitivamente el chat y dejar de hablar con Sebastián. Había llorado encerrada en el baño, había sabido contener las irrefrenables ganas de escribirle y había logrado dejar de pensar en él a cada momento, dejando que los días fueran pasando poco a poco.

Llevaba un tiempo lidiando con todo ello cuando una tarde, al salir del trabajo y llegar a casa, esta le resultó casi fantasmagórica. Los niños no estaban y reinaba un silencio aterrador. Martín le había escrito para decirle que su madre se quedaría con los mellizos esa noche y ella comenzó a sentir cómo la apatía se apoderaba de su cuerpo. Se dirigió a la cocina y se encontró a su marido esperándola con una botella de vino abierta y una copa en la mano.

—Hola, ¿cómo estás? —le dijo un poco incómoda—. ¿Por qué le has pedido a tu madre que se quede con los niños? —preguntó mientras dejaba el bolso y se sacaba el abrigo sin acercarse demasiado.

—Porque nos vendrá bien una noche para nosotros —le contestó Martín acercándose a ella y agarrándola por la cintura mientras le deba un beso en la mejilla—. Te tengo preparada una sorpresa. Te estaba esperando con una copa, pero has llegado demasiado tarde, así que vuelve a ponerte el abrigo, porque tenemos que salir ahora mismo. Félix y Raquel ya están de camino; he reservado mesa para cenar en ese restaurante mexicano que tanto te gusta —anunció encaminándose hacia la puerta.

* * *

Sentada en el coche, Julia comenzó a pensar en Félix y Raquel y sintió un extraño alivio. Verlos era volver a otra época; una con menos preocupaciones. Ellos era una pareja sin hijos y siempre tenían una anécdota divertida de alguna escapada improvisada que habían hecho de la noche a la mañana, sin pensar en nada más que vivir una experiencia. No se preocupaban por tener que volver a tiempo a recoger niños en ningún sitio y parecían realmente felices de la vida que llevaban. A pesar de la enorme confianza que se tenían, Julia nunca se había animado a preguntarle a Raquel si el hecho de no tener hijos había sido una elección o una falta de opción; como ellos jamás se habían pronunciado al respecto, no quería bajo ningún concepto meter el dedo en la llaga. En cualquier caso y sin importar cuál fuese la circunstancia, se notaba que eran una pareja feliz; no conocía a dos personas que se complementasen mejor que ellos. Aunque, claro, lo mismo decían de Martín y ella... Julia cerró los ojos para visualizar el tiempo en que había sido realmente así, ese que parecía ahora tan lejano y que le hacía estar esa noche camino a la cena sin ninguna gana.

En silencio, observaba a Martín. Se notaba que se había esmerado en ponerse guapo para la ocasión. Llevaba la camisa azul cielo que Julia siempre le decía que realzaba sus facciones y todo él rezumaba clase y elegancia: sus movimientos, su perfume, su peinado... Era como un príncipe de cuento de hadas hecho realidad. Sin embargo, Julia solo fantaseaba con la idea de huir de ese cuento. Incluso el inocente gesto que tuvo Martín de apoyar la mano en su pierna mientras conducía le desagradó. Temía sus expectativas a la hora de regresar a casa.

Desde que se había distanciado de Sebastián, había intentado en innumerables ocasiones acercarse nuevamente a Martín sin éxito, y estaba claro que, cuanto más intentaba forzar las cosas, peor les iba. Llevaban tiempo desencontrados y teniendo discusiones absurdas por cualquier cosa, hasta el punto de reducir la conversación diaria a la mínima expresión. El malestar que existía entre ambos comenzaba a ser evidente y Julia no podía dejar de pensar en el comentario que había dejado caer su suegra en una ocasión mientras recogían los juguetes de los mellizos: «Todas las parejas atraviesan alguna crisis», le había dicho como quien no quiere la cosa mientras Julia le hablaba de las jaquecas que estaba sufriendo desde hacía unas semanas, confirmándole con ello que Martín debía haber hablado con su madre, ya que solo acudía a ella si un problema le superaba realmente.

La cena transcurrió con bastante tranquilidad y Julia agradeció la presencia de Félix y Raquel esa noche. Pudo distraerse y divertirse un poco y dejar de pensar en Sebastián y fantasear sexualmente con él. Al despedirse, nadie hubiera dicho que entre Julia y Martín se había instalado el abismo que existía.

Camino a casa, Julia revisó el teléfono instintivamente un par de veces. Era una estupidez, ya que había bloqueado el número de Sebastián y era imposible que hubiera recibido ningún mensaje, pero le resultaba imposible dejar de hacerlo.

—Ya hemos llegado —anunció Martín, girando el volante antes de entrar en el parquin del edificio. Una vez detuvo el vehículo, se giró para mirarla tiernamente, acercándose para darle un breve beso en los labios.

—Quiero un tiempo, Martín —soltó Julia de repente sin siquiera pensarlo.

* * *

Al cabo de unas semanas, Julia parecía estar contemplando su realidad desde una mampara. A veces sentía ganas de actuar, de poner un freno a esa situación, pero algo se lo impedía. Como si de un sueño extraño se tratase, las cajas que llevaban un par de días dando vueltas por la casa finalmente fueron recogidas por una empresa de mudanzas. A pesar de que Julia había ofrecido a Martín la opción de no llevarse más que algunas pertenencias en una maleta, él le había comunicado que era mejor así.

—Podemos decirles a los niños que tienes que irte de viaje por trabajo —había sugerido ella en una de las últimas conversaciones que habían tenido antes de que Martín tomara la decisión de irse.

—Pero... ¿cuánto tiempo quieres? —había preguntado él y, tras recibir un «No lo sé» como respuesta, le había dicho que se mudaría lo antes posible.

Sentada en el sofá, Julia experimentaba un abanico de emociones que la mecían desde el alivio por haber dado por fin el paso, pasando por la pena de sentir que era la responsable de estar destruyendo su familia, hasta los nervios de cómo iba a reaccionar Sebastián ante la noticia.

Era consciente de lo poco razonable que resultaba todo, pero la triste realidad era que actuaba más guiándose por lo que no quería en esos momentos que por tener una visión de futuro. Así que, aunque hacía semanas que no sabía nada de él, sintió que tenía que contarle lo que había pasado, por lo que agarró el teléfono y lo desbloqueó. Ahora solo quedaba hacer una cosa...

*   *   *

Los últimos rayos de luz de la tarde se colaban por la ventana, dejando tras de sí estelas luminosas en forma de líneas sobre las sábanas, la cara de Sebastián y la espalda de Julia. Tumbados y aún desnudos, ambos se deleitaban en ese clima de paz que se respiraba al sentirse aislados del mundo.

Julia no podía siquiera creer que estuviera nuevamente en el apartamento de Sebastián. Tan solo le había bastado un mensaje preguntándole cómo estaba para que él la invitara a pasar por su casa. Ni un reclamo, ni un reproche. Casi dos meses después de no haber hablado ni un solo día y de que Julia lo hubiese bloqueado, él la había puesto de nuevo en su vida sin que pareciese haberse percatado de la situación.

—Qué relajada te veo hoy. ¿No tienes prisa? —le preguntó Sebastián mientras acariciaba la parte baja de sus lumbares.

—No. Noa sabe que igual llego hoy más tarde, y no tiene problema —le respondió incorporando el pecho para poder mirarlo.

—¿Y tu marido? —indagó sorprendido, como si intuyese que había algo extraño.

—Le he pedido un tiempo.

Julia había soltado esa frase y una sensación de liberación le había invadido el cuerpo. Incluso en ese momento, aun deseando ver la reacción de Sebastián, no pudo evitar apartar la mirada, presa de una vergüenza extraña ante lo dicho.

—Ah... —Tras guardar un silencio ante lo sorprendente de la noticia, añadió—: ¿Y eso? —dijo Sebastián un tanto incómodo, apartándose un poco y mirándola claramente extrañado.

—Bueno, tú y yo hemos estado mucho tiempo sin vernos y... han pasado cosas —dijo Julia, comenzando a darse cuenta del error que decir aquello había significado.

—¿Mucho tiempo? —dijo él con tono un poco burlón. Estaba claro que los días no habían pasado de la misma manera para ambos.

—Bueno —balbuceó Julia—, quiero decir que en estos meses me he dado cuenta de que con mi marido no estábamos bien. Teníamos muchas discusiones. Y creo que separarnos era lo mejor, tanto por nosotros como por los niños —aclaró, dando una explicación que parecía dejar a Sebastián fuera de la ecuación.

Cualquiera que la escuchase pronunciar esas palabras pensaría que Julia estaba hablando de un matrimonio que llevaba años roto y que no era de extrañar que ella estuviese ahí, tumbada en el sofá-cama con un amante más joven que ella. Pero nada más lejos de la realidad. La propia Julia intentaba manipular su mente para paliar parte de la culpa que sentía: ellos eran felices o, mejor dicho, lo habían sido hasta que ella había conocido a Sebastián.

—No sabía que estabas tan mal en tu matrimonio —dijo él y Julia sintió esas palabras como un puñal en su pecho—. ¿Y tú cómo estás? ¿Cómo lo llevas? —se interesó Sebastián sin mostrar la reacción que ella hubiese querido ver.

El hecho de que ella hubiera dejado a su marido claramente implicaba un cambio enorme en su relación. Para empezar, ya no tendrían que limitarse a la clandestinidad ni a encuentros en horarios reducidos, y no terminaba de tener claro si la falta de entusiasmo y el semblante preocupado de él eran una muestra de preocupación por ella o bien por falta de implicación en el asunto.

—Estoy un poco triste, la verdad —contestó Julia, buscando su apoyo.

Él se acercó a ella para abrazarla e, intentando consolarla, dijo:

—No estés triste. Igual encontráis la forma de solucionarlo.

Aquello dejó a Julia sin palabras. Era cierto que ella le había dicho que estaba triste y que no había planteado la ruptura como consecuencia de lo que sentía por él, pero aun así resultaba humillante que fuese eso lo que tuviese para añadir al respecto. Igual Julia no le había sabido transmitir bien la situación o tenía unas expectativas demasiado altas en cuanto a cómo esperaba que reaccionara él al escuchar la noticia. La verdad era que había esperado una serie de comportamientos por parte de él que no se estaban dando. Y, durante los días siguientes, lejos de aprovechar la nueva circunstancia, llamándola o escribiéndole con más frecuencia, casi se podía considerar que Sebastián estaba algo más distante.

Con los niños ya dormidos desde hacía rato y esa mente que no le daba tregua, una Julia tumbada en la cama, con el móvil en sus manos, pensaba en el mensaje perfecto para poder obtener una respuesta que arrojase algo de luz sobre sus fantasmas. Sin embargo, ninguno de los mensajes que se le ocurrían terminaban por convencerla; a veces por resultar demasiado directa y temer agobiar a Sebastián, otras por volver a sonar demasiado ambigua.

Mientras buscaba en su mente las palabras correctas, de pronto un pensamiento desagradable hizo aparición: él estaba en línea; llevaba así todo el tiempo en el que ella había estado divagando acerca de cómo plantear el mensaje y era la una de la mañana. ¿Con quién estaría hablando?

«¿Insomnio?». Envió aquel mensaje casi como un impulso irrefrenable.

En ese momento él dejó de estar en línea, y ella sintió que se le aceleraba el corazón de la angustia. ¿Acaso tenía pensado no responderle? Por suerte, su malestar cesó rápidamente al ver que volvía a estar conectado y escribiendo: «Solo un poco desvelado. Pero me acuesto ya. Buenas noches, preciosa».

Leer aquello fue sentir que alguien dejaba de oprimirle el pecho. Tras desearle también una buena noche, dejó el teléfono en la mesilla y se dispuso a intentar dormir. Pero algo dentro de ella, eso que probablemente muchos califican de intuición, no le daba la paz necesaria para conciliar el sueño.

Tras un rato dando vueltas en la cama, comprobó la hora en su móvil y, antes de apagar el dispositivo nuevamente, lo desbloqueó. Al entrar en el chat de Sebastián, descubrió con dolor que él estaba en línea.

Durante quince largos minutos permaneció así, tumbada en la cama con el móvil delante de las narices viendo cómo su estado permanecía invariable. No iba a poder pegar ojo si no le preguntaba con quién estaba hablando. Intentando buscar consuelo a su situación, se le llegaban a cruzar pensamientos del tipo: «¿Y si se ha quedado dormido con el WhatsApp abierto?». Pero eso resultaba poco probable. Además, él había dejado de estar en línea tras enviarle el mensaje de buenas noches. «Se acabó», se dijo a sí misma.

«¿Con quién estás hablando?». Tras mandar el mensaje, apagó la pantalla y apartó un momento el teléfono por una mezcla entre vergüenza y adrenalina insostenible.

Volvió a encenderlo, pero su mensaje no tenía el *check* azul, aunque él seguía en línea. ¿Es que acaso la estaba ignorando? Una rabia interna la llevó a actuar nuevamente sin tantos titubeos previos: «¡Hola! ¿¿¿¿Por qué no contestas????». Esta vez sí aparecieron al instante los ganchitos de color azul.

Notaba su corazón latiendo con fuerza. Seguía sintiendo esa rabia y también algo de miedo ante su respuesta, pero Sebastián no estaba escribiendo nada. ¿Estaría pensando qué contestar? Igual estaba molesto ante su manera de preguntar. ¿Había sido demasiado directa? Cada segundo sin respuesta se hacía eterno. Necesitaba entender qué pasaba. Como un tren descarrilado, no podía poner freno a lo que estaba experimentando, así que decidió llamarlo. Pero al segundo tono él rechazó la llamada. Algo dentro de ella le pedía que parase, pero no podía. Insistió nuevamente, sin éxito, dado que al primer segundo saltó el sonido de comunicando. Una sensación de impotencia por no poder localizarlo la sacó de sus cabales, lo que la llevó a hacer un tercer intento y un cuarto y un...

«Deja de llamarme. Ahora no puedo; hablamos mañana». En menos de diez segundos, había releído el mensaje cuatro veces sin poder creer que esa fuese su respuesta. No le ofrecía ninguna explicación de por qué no podía atender la llamada ni le revelaba con quién estaba hablando. Con lágrimas en los ojos por la frustración tan inmensa que sentía, le contestó: «Mañana no hace falta que te molestes en llamarme».

* * *

Por la mañana, tras apagar el despertador, Julia experimentó uno de los despertares más amargos de su vida. No solo por la falta de sueño de una noche, que no reparaba ni una siesta, sino por recordar lo mal que había terminado la «charla» de la madrugada anterior con Sebastián. De camino al colegio, iba tan distraída que, de no ser por Damián, se hubiese saltado un semáforo. ¿Por qué se sentía tan culpable si no había hecho nada malo? No podía evitar reprocharse el no haber dejado las cosas estar tras recibir aquel mensaje de buenas noches, ese donde aún la llamaba «preciosa».

A medida que avanzaba la mañana y no tenía ningún tipo de noticia suya, empezó a plantearse si no sería buena idea enviarle un mensaje de disculpa. Pero ¿por qué debía pedir perdón? Era él quien estaba de madrugada hablando con vete a saber quién, y también quien no había sido capaz de atender sus llamadas. El enfado ante las incógnitas le daba fuerza para mantenerse en pie. Sabía que cabía la posibilidad de que él no contestase a su mensaje, pero aquello le parecía inadmisible, así que decidió esperar a tener noticias suyas.

Durante el transcurso de los dos siguientes días, la esperanza de que Sebastián fuese a contactarla iba mermando. Ese pellizco que sentía cuando escuchaba el sonido de un nuevo mensaje era cada vez menos intenso y el enfado hacia él había dado paso a la tristeza. No tenía apetito, ni paciencia, ni ganas de hacer nada. Ni siquiera de hacer deporte. Estar rodeada de personas era sinónimo de tener que mantener la compostura, y Julia estaba cansada de guardar las apariencias. Los únicos por los que aún estaba dispuesta a hacer ese esfuerzo eran sus hijos.

El día siguiente sería viernes y Martín iba a pasar a recogerlos. Sería el primer fin de semana que pasaría sola y sería totalmente diferente a lo que ella había planeado: se había imaginado llevando por primera vez a Sebastián a casa y preparando juntos y entre risas algo rico para cenar, degustando un buen vino; él le hubiese podido hacer el amor sobre la encimera, porque estaban aún en esa fase en la que no puedes aguantar las ganas hasta el postre y también se había imaginado acurrucada en el sofá junto a él, viendo una película, como hacen las parejas normales. Pero la triste realidad era que el único escenario en el que Sebastián y ella eran una pareja normal era en el que transcurría en su cabeza.

El momento de la recogida de los pequeños resultó desgarrador por el golpe de realidad que supuso para Julia. Por un instante, su mente logró liberarse de esa rumia constante de todo lo que atañía a Sebastián para abrazar la realidad: ¿Cómo podía estar permitiendo aquello? Ese Martín que lucía bastante más delgado y cuyo semblante no podía evitar mostrar un profundo malestar era su familia o al menos lo había sido todos esos años. Más allá de su marido, había sido su amigo, su compañero, su apoyo. Y ella se lo estaba pagando así.

—¿Por qué no puede venir mamá al cine con nosotros? —La vocecita de Mía, que obviamente no terminaba de entender la situación, le taladraba el corazón.

—Mamá tiene mucho trabajo, mi vida. Pero el domingo podemos ver una película juntas —respondió Julia con el timbre de voz más animado que pudo, a pesar de las ganas que tenía de llorar.

Cuánto le hubiese gustado en ese instante pedir perdón a gritos, tomar a Martín entre sus brazos, suplicarle disculpas por todo lo mal que se lo estaba haciendo pasar y frenar en seco la locura que le hacía renunciar a pasar el fin de semana con sus hijos. Pero algo se lo impedía, y no era otra cosa que sus asquerosos sentimientos por Sebastián. Como una estatua, observó inmóvil desde el marco de la puerta de entrada cómo esas personas que tanto amaba se montaban en el coche. Tras verlos marchar estuvo ahí un rato más, temiendo el instante de cruzar el umbral y toparse con un hogar vacío.

No se equivocaba: al atravesar la puerta y respirar aquel silencio, esas cuatro paredes se le vinieron encima, haciendo que se derrumbase como nunca antes en su vida. Literalmente cayó de rodillas sobre el suelo en un llanto compungido que apenas le dejaba tomar aire. Hecha un ovillo de carne, llamó a la única persona que sabía que podía ofrecerle consuelo.

Sin entender aún cómo se había dejado convencer, cuarenta minutos más tarde estaba terminando de maquillarse frente al espejo cuando el sonido del timbre la interrumpió. Ante la inminente visita, corrió impaciente escaleras abajo a abrir la puerta.

—No te puedes imaginar las ganas que tenía de verte. —Julia se lanzó, para sorpresa de Diana, a sus brazos.

—Tranquila, ya estoy aquí. Y además traigo tu vino favorito.

Y con esa magia que solo entrañan las grandes amistades, sentadas en los taburetes de la encimera con vino en mano, el mundo dejó de parecer una pesadilla.

Tras explicarle a Diana lo mala madre que se sentía y lo enfadada que estaba con Sebastián, con el mundo y sobre todo con ella misma, poco a poco la charla derivó en una conversación más amena y amable, en la que incluso pudo contemplar con algo de humor su situación.

—Hacía mucho que no me relajaba tanto. Gracias por estar aquí —apuntó Julia, sirviéndoles a ambas el culo de la botella.

—Me alegra que estés mejor. ¿Ves? Estar soltera es esto: no es estar sola y amargada en tu casa. Es, tras haberte arreglado, poder tomarte un vino tranquila con una buena amiga sabiendo que después te vas a ir a bailar —contestó Diana en tono jocoso, y prosiguió algo más seria—: No puedes planearlo siempre todo, Julia. A veces la vida nos sorprende y escapa de nuestro control. A veces necesitamos equivocarnos. No eres la primera ni la última que se separa. No sé muy bien dónde va a terminar esta historia, pero sí sé que no eres una mala madre, que pase lo que pase yo estaré a tu lado y que debes aprender a perdonarte un poco más.

Las palabras de Diana eran justo el bálsamo que Julia necesitaba para recordar que, a pesar de todo, no estaba haciendo algo tan horrible. Ese momento estaba llenando a Julia de la sensación más bonita que existe, que no es otra que sentirse en paz. Es curioso cómo, solo al sentirnos en la oscuridad absoluta, podemos valorar como nunca antes un pequeño destello de luz. Pero la luz interna de Julia no fue lo único que se encendió, también lo hizo la pantalla de su móvil.

—Espero que los niños estén bien —dijo mientras pulsaba el botón para iluminar nuevamente la pantalla.

Contra todo pronóstico, vio lo que al fin, tras días de agonía, había dejado de esperar: un mensaje de Sebastián.

—¿Quién es, que te ha cambiado la cara? —preguntó Diana.

—Es Sebastián. Me dice que va a ir esta noche a tomar algo con amigos, que si me apetece que nos veamos —respondió Julia, que no sabía muy bien cómo interpretar esa propuesta salida de la nada sin hacer alusión alguna a lo ocurrido los días anteriores. No estaba familiarizada con una comunicación de ese tipo. Si había un problema entre Martín y ella lo hablaban, no actuaban tras días de silencio como si nada hubiese pasado.

—¿Qué quieres hacer? ¿Quieres que vayamos? —ofreció Diana.

—No lo sé. Quiero y no quiero. Estoy enfadada con él, y no me parecen las formas. Pero si no lo veo tampoco puedo aclarar las cosas.

Nuevamente experimentando esa sensación extraña de que alguien movía los hilos de los acontecimientos y dejándose llevar por una espontaneidad poco habitual en su vida, media hora más tarde, Julia se bajaba de un Uber junto a Diana frente a la puerta del *pub* que le había indicado Sebastián.

—Menos mal que nos hemos bebido esa botella de vino, porque estoy atacada. Estoy nerviosa por verlo a él y porque lo conozcas tú —dijo Julia rechinando los dientes por el frío de la calle.

—Tranquila, todo va a ir bien —le contestó Diana, tomándola de la mano para adentrarse en el local.

No tardó en encontrarlo: estaba al fondo de la barra con dos amigos. No sabía bien por qué, pero verlo rodeado de gente de su misma edad la llevó a percibirlo aún más joven que de costumbre. Igual porque sus amigos no eran Sebastián, sino solo un par de críos de veintitantos; o sería que él también era un crío, solo que ella había perdido la capacidad de verlo. Tras las respectivas presentaciones, pedir unas copas, bailar un poco y hacer algunas bromas, Julia se acercó en un momento dado a Sebastián para susurrarle al oído:

—¿Podemos hablar?

Como si hubiese planteado algo malo, el semblante de Sebastián cambió al instante, pasando de relajado a tenso.

—Lo estamos pasando bien. ¿De verdad quieres hablar ahora? —preguntó. Sin embargo, al ver que Julia se había quedado a cuadros, la agarró de la mano y ambos fueron a sentarse en unas mesas bajas que había en una de las esquinas del local—. ¿De qué quieres hablar? —preguntó sin mirarla demasiado.

Julia tenía la sensación de estar en un mundo paralelo. ¿De verdad necesitaba explicarle por qué quería hablar? ¿Acaso solo ella había estado pasándolo mal esos días?

—Pues básicamente de lo que ha pasado estos últimos días. De...

Pero antes de poder explicarse mejor, Sebastián la cortó en seco:

—Mira, Julia, yo no estoy para estas cosas.

—¿Estas cosas? —repitió ella sorprendida.

—Sí. Yo hoy he salido a pasarlo bien, a desconectar. No quiero una escena. Yo siempre he sido muy claro contigo, no te he prometido nada tampoco. Sé que tienes tus asuntos con tu marido, pero no me metas a mí en ellos. Además..., ¿te estás riendo?

Así fue. Y no era una mueca o una risa nerviosa, sino una risa escandalosa, de las de carcajada limpia.

—¿Te estás burlando de mí? —preguntó Sebastián sin entender lo que estaba pasando.

—No, perdona. No me río de ti. Es solo que me sorprende haber tardado tanto en entender algo que ahora veo tan claro —contestó ella.

—¿A qué te refieres? —preguntó él, escéptico ante su reacción.

—Pues a lo tonta que he sido. Me río porque no me creo que de verdad haya sido tan estúpida. Gracias, Sebastián —dijo levantándose y dándole un beso en la mejilla.

—¿A dónde vas, Julia? —gritó él viendo cómo se marchaba, dejándolo sentado en la mesa.

—¡A mi casa! —contestó, pensando para sus adentros: «A recuperar mi vida».

Preguntas para reflexionar

- ¿Crees que Martín debería perdonar a Julia? ¿Por qué?

- ¿Crees que las circunstancias que llevan a una persona a ser infiel deberían influir en la decisión de perdonar o no?

- Desde tu punto de vista, ¿qué condiciones deberían cumplirse para que una persona pueda perdonar una infidelidad?

- Si te encontraras en una situación similar a la de Martín, ¿qué factores considerarías más importantes a la hora de plantearte perdonar a tu pareja? ¿El amor? ¿La confianza? ¿La capacidad de cambiar de la otra persona u otros aspectos?

- En tu opinión, ¿es el amor suficiente para superar las dificultades y los errores graves en una relación?

- ¿Qué impacto crees que tendría en la relación que Martín decidiese perdonar a Julia? ¿Podrían volver a recuperar la relación que tenían antes o cambiarían muchas cosas?

- En el caso de decidir dar una «segunda oportunidad», ¿qué medidas crees que deberían tomarse para reconstruir la confianza y la estabilidad emocional en la pareja?

- ¿Hasta qué punto consideras que el perdón y la superación de una infidelidad pueden llevar a una relación más fuerte?

Algunas conclusiones...

La infidelidad en una relación es uno de los retos más dolorosos a los que se puede enfrentar una pareja, ya que supone una ruptura de la confianza y de las bases sobre las que se construye el amor y el compromiso mutuo.

Decidir si perdonar o no a una pareja infiel no es una decisión sencilla y suele conllevar un dilema emocional profundo, puesto que hace que nos cuestionemos varios temas sensibles, como la necesidad de sentirse amado, el miedo a la soledad y la tensión entre el deseo y el compromiso, además de otros factores de carácter más práctico (económicos, familiares, etc.).

En estos casos, el perdón no solo implica dejar atrás una falta cometida, sino también la reconstrucción de un vínculo que, a menudo, se encuentra gravemente dañado. El proceso de sanar, por lo tanto, depende de varios factores: la disposición real de la persona traicionada a perdonar, el esfuerzo de la persona que cometió la infidelidad para demostrar arrepentimiento y voluntad de cambio, y la capacidad de ambos para reconstruir la confianza, que es la base de cualquier relación duradera.

Una de las claves a la hora de darse una segunda oportunidad como pareja es reconocer que la infidelidad no suele ser un acto de maldad, sino que puede surgir de la insatisfacción emocional, la soledad o la búsqueda de una emoción perdida. Las personas que cometen una infidelidad no lo hacen necesariamente con la intención de hacer daño a su pareja, sino que pueden estar buscando algo que sienten que les falta y, a menudo, sufren un calvario moral a causa de su comportamiento. Evidentemente, esto no justifica el daño infligido ni elimina el sufrimiento que causa a su pareja, pero es algo a tener en cuenta.

También es conveniente considerar que, actualmente, es cada vez más común encontrar parejas que consideran el poliamor o la relación abierta como una alternativa viable y biológicamente más realista que la monogamia, lo cual refleja una evolución en la manera de entender el amor y el compromiso. No obstante, también es verdad que, si bien la mayoría de la gente podría llegar a sentirse cómoda con la idea de relacionarse afectivamente con más de una persona —previo acuerdo con su pareja—, a no todas les parece bien que su compañero o compañera haga lo mismo.

En cualquier caso, existen muchos tipos de relaciones afectivas y cualquier fórmula pactada es válida porque se trata de una decisión personal.

Del mismo modo, decidir si queremos o podemos perdonar una infedelidad, es una cuestión para la que no existe una respuesta correcta ni incorrecta, ya que cada individuo marca sus propios límites en lo que respecta a la tolerancia y el perdón.

Algunos podrían considerar que el amor es suficiente para superar cualquier obstáculo, mientras que otros podrían sentir que, una vez rota la confianza, es imposible reconstruir una relación.

En última instancia, en estos casos el perdón siempre debe ir acompañado de un esfuerzo genuino por parte de ambos para sanar las heridas y trabajar en la relación, lo que significa hacer frente a los sentimientos de cada uno y tomar las riendas de un futuro en común, teniendo en cuenta que la sanación es un proceso largo y complicado, pero no imposible.

RELATO 2:

Seductor nato

No recuerdo dónde, pero una vez leí que las personas que saben seducir son conscientes de que no se trata de cómo los ves a ellos, sino de cómo ellos consiguen que te veas tú. Basándome en eso, creo que, aunque no lo aparentaba en absoluto, Marcos debía de ser un seductor nato porque, si lo pienso detenidamente, fue exactamente eso lo que me enamoró desde el inicio.

Hasta ese instante, yo había tenido durante toda mi vida la sensación de ser invisible para el resto del mundo. Pero, al llegar él, sus ojos oscuros me miraron como si no existiera nada más, como si nunca antes hubiesen visto algo igual, y aquello me dio una seguridad y presencia sobre mi figura que sentaba de maravilla.

La noche que lo conocí sentí por primera vez la felicidad plena de ser yo y nadie más. Yo con mis opiniones, con mis caderas, con mis gestos a veces tímidos; yo sin mirar a ninguna otra chica a mi alrededor cuando las miradas no se posaban en mí. No quiero que parezca que jamás había ligado ni que era fea, sino que siempre me había sentido «normalita» y del montón. De algún modo, me sentía más cómoda cuando daba un paso atrás para cobijarme en la sombra de cualquier otra persona que estuviese a mi lado, en lugar de empoderarme por dar un paso adelante. Acomodada en el papel de «no destacar», creía estar contenta, hasta que esos ojos, esa manera de preguntar y esa manera de atenderme, de sonreírme y de prestarme atención me dieron la impresión de ser alguien que desprendía luz. Todo ello sin que me alabase de ninguna manera. De hecho, no recuerdo tan siquiera que llegase a decirme que era guapa. No era necesario: su forma de escucharme, con ese interés tan genuino, o la manera de asentir con la cabeza acompañada de esa sonrisa sincera, como quien busca controlar la emoción que está sintiendo, hablaban por sí solas. Él me daba la confianza de sentir que estaba haciéndolo todo bien, como si fuese perfecta.

—¡Tía, qué bueno está! —chilló mi prima Lucía en mi oído al acercarse a pedir a la barra donde él y yo estábamos charlando. Razón no le faltaba.

Por un instante, experimenté un recelo extraño ante sus posibles intenciones; igual solo quería pasar esa noche conmigo. Pero no hubo indirectas ni insinuaciones veladas de ningún tipo. Incluso a la hora de invitar no lo hacía del modo al que estaba acostumbrada, recalcando que era una invitación; simplemente pedía para ambos. Notaba que me cuidaba acotando con su cuerpo el perímetro a mi alrededor cuando había más bullicio, pero sin aprovechar el movimiento como excusa para acortar distancias. Notaba despertar en él ese respeto que uno siente ante algo que te resulta imponente.

—¿Cómo vais a volver a casa? —se interesó al ver que Lucía y Marta iban pegando tumbos extraños en lugar de andar.

Sin aceptar un «no te preocupes» por respuesta, nos acompañó a las tres hasta la parada de taxis más cercana. De camino hacia allí, al observar que tenía frío, había colocado con un gesto protector su chaqueta sobre mis hombros. Olía a su perfume, el cual se grabaría en mi memoria por olfatearlo un millón de veces esa noche.

—Dame tu número. Te llamo mañana y os acerco a por el coche de tu prima.

Tras apuntarlo, me plantó sin titubeos un beso en la mejilla rozando la comisura de los labios, acompañándolo de un «que descanses».

Recuerdo ir abrazada aún por esa chaqueta mirando por la ventanilla de aquel taxi, contemplando las calles que ya conocía como si las estuviese viendo por primera vez, experimentando la extraña sensación de que esa noche marcaría un punto de inflexión en mi vida, como cuando se prende una mecha que ya no puedes apagar. El mundo entero parecía haber cambiado y, como broche de oro a la noche más perfecta de mi vida, se iluminó la pantalla del móvil por un wasap: «Ya tengo ganas de que sea mañana, Laura. Guarda mi número. Un gran beso, Marcos».

* * *

A la mañana siguiente, me desperté cansada y feliz a partes iguales, expectante por tener noticias suyas. Normalmente el alcohol me dejaba fuera de combate en cualquier superficie blanda —cama, sofá o coche—, pero el recuerdo de la noche me había mecido de manera dulce en un sueño al que no había querido terminar de entregarme. Dicen que cuando eres feliz necesitas menos descanso, y en mi caso así era. Solo unas pocas horas tras haber conseguido dormirme finalmente, me había despertado para ir al baño y había sido incapaz de conciliar nuevamente el sueño. Por suerte para mí, su mensaje no se hizo esperar mucho. Eran apenas las diez y cuarto de la mañana cuando escribió: «¿Estás despierta?».

Tras casi derramarme el café de los nervios, contesté sin mucho pensar con un icono de panda y un «así he amanecido». Después de aquello, la charla fluyó con la misma facilidad que en la barra del bar. Puede que fuese la resaca, pero me resultaba un hombre ingenioso y ocurrente, y al contestarle tenía la impresión de estar hablando con alguien al que conoces de toda la vida.

Un par de horas más tarde, tras intercambiar unos mil mensajes y cuando Lucía dio finalmente señales de vida, acordamos encontrarnos en el portal de la casa de mi prima.

Efectivamente, yo tenía cara de panda y unas ojeras impresionantes de trasnochar, pero había intentado darle solución con maquillaje. Por otro lado, había dudado mucho con la ropa. Dado que no habíamos planteado si tras recoger el coche íbamos a hacer algún plan, me daba vergüenza aparecer vestida como si diese por hecho la cita. Así que finalmente había optado por mis vaqueros favoritos —que eran los que más disimulaban mis odiadas cartucheras—, una blusa azul —que según mis amigas realzaban mis ojos marrones verdosos— y un jersey blanco. Tal y como hacía siempre, salvo cuando me arreglaba para salir, había recogido mi pelo en una coleta alta.

Lucía, que no compartía mis nervios ante el reencuentro, había bajado con un híbrido entre pijama y chándal viejo, y con bolsa de basura en mano al portal.

—¡Qué guapa! —había espetado, acompañándose de un gran bostezo.

—¿Tú crees? —pregunté dudosa.

—Sí, aunque podrías haberte puesto otros zapatos. Siempre vas en zapatillas de deporte.

No dio tiempo a decir mucho más porque enseguida lo vi aparecer al final de la calle. A pesar de ir montado en el coche, reconocí su silueta al instante. Con una amplia sonrisa en el rostro tras reconocernos, bajó la ventanilla:

—¿Han pedido un Uber, señoritas?

Nos montamos y, fruto de los nervios, me senté atrás y dejé a Lucía de copiloto; puesto que, por lógica, debería haber ocupado yo. Mientras hablábamos los tres distendidamente, notaba cómo su mirada me buscaba cada poco en el espejo retrovisor.

—Te queda bien la coleta —dijo de la nada en un momento, y sentí cómo se encendían mis mejillas.

—Uy, uy, uy —dijo Lucía—. Menos mal que ya estamos aquí, porque me parece a mí que estoy sobrando. ¡Pasadlo muy bien! —añadió apeándose del coche.

—¿Te vas a sentar delante? ¿O prefieres que te haga de taxista? —preguntó entonces Marcos.

Realmente, por ganas, me hubiese sentado encima de él, pero me conformé con moverme al asiento del copiloto.

—¿Dónde te apetece que vayamos a comer?

Como yo no tenía ninguna idea en particular, me llevó a un libanés que nunca había visto a pesar de no estar muy lejos de mi casa. Era un lugar muy bonito, con una decoración exótica y una luz tenue que creaban un ambiente acogedor. Tras ver mi cara un tanto dudosa al contemplar los platos de la carta, Marcos se levantó y se sentó a mi lado en el banco. Luego, pasando un brazo por detrás de mi hombro y colocando el otro sobre mi pierna comentó:

—No has comido nunca en un libanés, ¿verdad? ¿Quieres que pida por los dos?

Asentí y, al cabo de poco rato, teníamos la mesa llena de manjares que no había visto en mi vida. Todo estaba delicioso; eran sabores nuevos que me resultaban mucho más suculentos por su compañía. Él seguía prestando una atención especial a todo lo que yo le contaba mientras envolvía un rollito en lechuga para mojarlo en salsa y dármelo directamente a comer en la boca. Se estaban acortando las distancias de un modo entre natural y sensual, teniendo en cuenta que aún no nos habíamos dado ni un beso.

—Tienes un poco de salsa —dijo pasado con delicadeza sus dedos por la comisura de mis labios.

Pero no solo se interesaba por todo lo mío al igual que había hecho la noche anterior, sino que también comenzó a hablar un poco más de él mismo. Y resultó fascinante. Era el menor de cuatro hermanos y, por problemas de dinero, llevaba buscándose la vida desde muy joven, lejos de su hogar. Había estado viviendo un par de años en el extranjero y actualmente trabajaba como profesor de música y dibujo en un colegio concertado.

—Acabo de caer en algo. No me has dicho qué edad tienes.

—Igual me lo había dicho la noche anterior, pero no era capaz de recordarlo.

—Ah, yo no le digo mi edad a cualquiera. Me parece un dato bastante íntimo —contestó con una sonrisa pícara.

—Y yo que pensaba que teníamos ya cierta confianza. ¿Qué necesitas para decírmelo? —pregunté algo nerviosa porque intuía por dónde iban los tiros; en especial porque, desde que habíamos terminado de comer hacía unos minutos, había comenzado a deslizar su mano de arriba a abajo acariciando mi muslo.

—Pues diría que por lo menos necesito un beso —respondió acercándose a mi boca y besándola con total confianza, como si fuese consciente de que podría haberlo hecho desde el primer instante, pero escogiendo ese.

Como era previsible, besaba muy bien. Era delicado pero decidido a parte iguales. Tras separar su boca de la mía, me miró con una dulzura especial y, apartando con delicadeza un mechón de pelo de mi mejilla, dijo:

—Tengo veintinueve.

—Yo tengo veinticinco —contesté.

—Lo sé. Me lo dijiste anoche, igual que hice yo.

Después de tomar un té y charlar un poco más, me llevó a mi casa. En el coche, de regreso, tenía la sensación de ser de algún modo ya su novia: había encendido la radio e iba tarareando feliz, a ratos buscaba mi mano o dejaba la suya apoyada en mi pierna y, si nos parábamos en algún semáforo, aprovechaba para darme un beso.

—Tengo que repasar unos trabajos de clase que mandé la semana pasada; un rollo. ¿Tú que vas a hacer? —se interesó al llegar a mi portal.

—No lo sé. No quiero ponerte los dientes largos, pero vaguear un poco —respondí. De haber sido más sincera, hubiese contestado: «Llamar a todas mis amigas para contarles lo jodidamente feliz que estoy con nuestra cita».

—No seas mala —agarró con suavidad mi cara y en tono más bajo añadió—: Esta noche te llamo y charlamos un rato.

Era muy extraño. Nunca había conocido a alguien con el que la cosa fluyese así. Era como si conociese la medida exacta para hacerme estar en una nube sin miedo alguno o dudas de su interés, pero sin resultarme pesado. Había dibujado una sonrisa perenne en mi cara. Incluso estando sola, y haciendo algo tedioso como recoger el desorden de la tarde anterior, no podía parar de sonreír sin terminarme de creer que mi suerte hubiese cambiado así, de la noche a la mañana.

Sobre la nueve y media, mientras estaba viendo una serie de Netflix, tal y como había anunciado, recibí su llamada.

—Arghhh..., qué harto estoy de corregir. ¿Qué me has hecho que no puedo concentrarme? No paro de pensar en ti.

Escuchar esas palabras resultaba casi tan intenso como cuando me había besado. Me estaba pasando exactamente lo mismo a mí —no podía sacármelo de la cabeza—, pero oír que a él también le ocurría era algo a lo que no estaba acostumbrada.

Estuvimos charlando hasta cerca de las doce de la noche de temas bastante personales. Su vida no había sido fácil; cosa que nadie diría porque se veía una persona muy alegre. Su padre había abandonado a su madre para irse con una mujer más joven cuando él tenía solo tres años. La madre, incapaz de poder cargar con cuatro hijos, lo había dejado a él y al segundo más pequeño a cargo de su abuela hasta cumplir los siete. Para aquel entonces, la mujer estaba saliendo con otro hombre que resultó ser un padrastro de lo más estricto y muy poco dispuesto a gastar dinero en esos hijos que no eran suyos. Sentir tanta apertura por su parte me llevó a mí también a hablar acerca de cosas de mi vida que no solía compartir con facilidad. Hablé del divorcio de mis padres, que había sido mucho menos traumático —porque ambos siguieron haciéndose cargo de mí y dándome todo su afecto—, pero me había hecho mucho daño; de cómo por aquella época subí de peso y sufrí *bullying* en la escuela. Incluso le confesé el complejo tan grande que tenía con mis muslos desde entonces. A pesar de que había adelgazado mucho desde hacía tiempo, en mi mente había quedado una huella de inseguridad hacia mi cuerpo y enseñarle mis muslos a cualquiera era un auténtico desafío.

—A mí me gustan mucho —dijo con contundencia—. Voy a quitarte ese complejo. La próxima vez que nos veamos, pienso acariciarlos y besarlos hasta que te gusten a ti también.

—¡Ni loca! —exclamé con voz aguda, casi como un reflejo. La mera idea de imaginármelo posando su mirada más de dos segundos sobre mis horribles piernas me aterraba.

* * *

La mañana siguiente, tras hacer una rápida recapitulación, pensé: «¿Esto ha sido real? ¿Me está pasando a mí?». Como confirmación de que así era, ya tenía un mensaje en mi teléfono: «¡Buenos días, princesa! ¿Qué tal has dormido?».

Había dormido poco porque, a pesar del cansancio acumulado, la emoción interna que experimentaba con todo lo que estaba pasando me tenía en un estado de vigilia extraño. Frente al ordenador de la oficina me costaba concentrarme. «¿Qué me has hecho que no puedo concentrarme? No paro de pensar en ti». Sus palabras flotaban en mi mente, haciéndome flotar con ellas.

—¿Qué te pasa? Estás muy risueña para ser lunes —me comentó María con cara de bastante menos entusiasmo ante el día que nos esperaba que yo.

Tras haber terminado hacía un par de semanas el contrato en prácticas de las dos becarias que nos echaban una mano, estábamos hasta arriba de trabajo. Y como siempre ocurría en la vida, parecía que los astros se habían confabulado porque no paraba de entrar un volumen de partes de obras mayor al habitual.

—El sábado conocí a alguien —respondí bajito porque no estaba el panorama como para que alguien nos escuchase malgastar tiempo laboral con temas personales—. Ahora te cuento —añadí haciendo con el brazo el gesto del cafecito, el cual tomábamos siempre juntas a media mañana.

—Así que has conocido a alguien… Viendo tu buen humor, habéis tenido una noche de pasión —elucubró horas más tarde con tono guasón mientras acomodaba su bolso en la silla de la mesa que estaba libre y agarraba un sobre de azúcar para echarse al café.

—No, hemos tenido mucho más que eso —contesté a la par que le escribía a Marcos en respuesta a su mensaje para saber cómo me iba la mañana.

—¿Cómo que mucho más? —se interesó María, sorprendida ante mi respuesta.

—Nunca me había pasado nada así. A ver, te cuento…

A medida que avanzaba mi narración, mi compañera estaba más ojiplática. Y no era de extrañar. A mí también me resultaba raro todo lo que habíamos llegado a compartir en tan poco tiempo.

—Te parecerá una locura, pero siento que lo quiero —concluí mi relato, sorprendida incluso yo ante mi confesión final.

—No me extraña, es perfecto. ¿Está bueno? —apuntó María, que era parca y clara en palabras. Precisamente no agradaba a la mayoría por ser tan directa, pero a mí me gustaba su sinceridad.

—Juzga tú misma —dije entrando en la foto de perfil del chat de Marcos y mostrándoselo.

—¡Santo Dios! Está como un tren.

* * *

Los lunes siempre solía salir del trabajo bastante apurada para llegar a tiempo a mi clase de bachata, pero ese día el motivo de mis prisas era otro: Marcos iba a recogerme para ir a su casa y obviamente quería arreglarme para el encuentro. Hubiese preferido ir yo —la línea de autobús que me llevaba a su casa tenía además parada a pocos metros de la mía— y así haber organizado el tiempo a mi manera, pero él había insistido en pasar a buscarme, y una parte de mí se derretía por sentirse tan atendida.

—Tranquila, estamos solos —comentó al ver cómo entraba con cierto recelo en el salón, que era bastante más grande y luminoso que el mío—. Diego ha ido unos días a su pueblo. Así que, si quieres instalarte aquí para no dejarme solo, ya sabes… —dijo con ese tono medio en broma medio en serio que empezaba a tener calado—. Te enseño la casa.

Entonces me agarró de la mano y me hizo un *house tour* que, como no podía ser de otra forma, terminó en su dormitorio.

—… y este es mi cuarto. Que, a diferencia del de Diego, no está hecho una leonera porque sabía que venías. —Y acercándose a mí para besarme, fuimos abrazados dando pasos hacia atrás hasta tumbarnos en la cama.

—Me muero por hacerte el amor, pero no sé si crees que es pronto —dijo tras cesar un momento los besos.

—Yo también quiero. Pero… ¿podemos apagar la luz?

Mi petición, que era la que siempre hacía para tener intimidad, no le pilló por sorpresa, dado que le había hablado de mis complejos. Incluso le había confesado que jamás nadie me había besado la entrepierna, porque no podía soportar la idea de tener a alguien tan cerca de mis muslos.

—Si supieras lo preciosa que me pareces, no me pedirías apagar la luz. Déjame que te vea al menos una vez —añadió con tono suplicante mientras iba desabrochando los botones de mi camisa. Bajó una tira de mi sujetador y besó apasionadamente mi pecho.

—Ya sabes que no me siento cómoda —insistí, sintiendo inminente el momento de perder los pantalones.

—Confía en mí, por favor —dijo en tono susurrante y, sin aceptar un no por respuesta, desabrochó el botón, deslizó hacia abajo mis vaqueros y dejó al aire mis odiados muslos. Mientras los contemplaba con la misma mirada de amor que antes de verlos, comenzó a pasar su mano por ellos y añadió—: Me encantan. Qué tonta eres. ¿Ves?, no pasa nada. Relájate. Tienes que confiar en mí.

—Ahora ya me has visto. ¿Podemos apagar la luz, por favor? —repetí nuevamente; porque, a pesar de todo, no terminaba de sentirme cómoda.

Él, tras mirarme con gesto de leve disgusto, resopló, pero pulsó el interruptor. Después siguió acariciándome y susurró en mi oído:

—Está bien, hemos apagado la luz, pero quiero que me dejes hacer una cosa.

De pronto, bajó el torso para dirigirse a mi entrepierna. Con un acto reflejo, atrapé sin querer su cara entre mis rodillas.

—No, por favor, ya sabes que no me gusta. Prefiero no hacerlo —sugerí rápidamente en un intento de disuadir sus intenciones.

—No sabes si te gusta. Venga, Laura, confía en mí.

No sé si fue por su tono de voz al decir mi nombre, por no querer defraudarlo o por la curiosidad de saber qué se sentía, pero cedí. Al principio estaba demasiado tensa para poder disfrutar de la situación porque temía que los efluvios de mi zona íntima le resultasen desagradables; pero lamía con tal determinación, recreándose en ello, que poco a poco fui relajándome hasta el punto de que, cuando empezó a chupar con cierta fuerza mi clítoris, un estallido de placer hasta entonces desconocido para mí hizo aparición. Yo creía haber llegado a experimentar algún orgasmo a lo largo de mi poco relevante vida sexual, pero era evidente que estaba equivocada; o al menos nunca había llegado a ese nivel de intensidad.

—¿Estás bien? —dijo, parando tras notar cómo mi cuerpo entero se había estremecido.

—Muy bien —contesté, tomando una bocanada de aire.

* * *

Un rato después, desde el sofá, contemplaba a Marcos en la cocina abierta, donde picaba las verduras para la cena, y me sobrecogía la emoción de sentir tanto por él. Quizás era porque tras haber tenido intimidad me sentía más vulnerable, pero era increíble pensar que solo habían pasado dos días y medio desde que él estaba en mi vida y ya me sentía totalmente enamorada.

—¿Te gustan las aceitunas? —preguntó, sacando de la nevera algo para picar.

—Sí —respondí, acercándome a la cocina.

Rodeándome por detrás con sus brazos, me dio una directamente en la boca.

—Ayúdame a poner la mesa —pidió. Luego añadió—: Te dejo algo para ponerte cómoda, porque imagino que no has traído pijama.

Y ahí estaba nuevamente esa capacidad suya de adelantarse a mis inseguridades. No había comentado nada al respecto, pero una parte de mí no sabía si tras la cena me propondría quedarme —que era lo que realmente quería— o debía ofrecerme a regresar a casa.

—Estaría bien, porque efectivamente no he traído —contesté con una leve risita.

Tras dirigirse a su cuarto y regresar con una camiseta y un pantalón de chándal en la mano, me los dio junto con un beso y regresó a la cocina, a seguir picando verduras mientras tarareaba una canción. Parecía estar de lo más feliz. ¿Sería porque estaba sintiendo lo mismo que yo? ¿Podía estar siendo de verdad tan afortunada?

Durante la cena, Marcos estuvo nuevamente muy atento conmigo. Estuve contándole muchas historias acerca de mi infancia, de mi instituto, de cómo conseguí mi trabajo y hasta de mi primer y único novio hasta la fecha. Y él me hizo sentir importante y especial en todo momento; a cada historia planteaba mil preguntas deseando conocer el más nimio detalle. Era la primera vez que buceaba así entre mis recuerdos con alguien e incluso me salía natural animarme a hacer más bromas de lo habitual. A su lado estaba descubriendo una Laura hasta entonces desconocida para mí; él sacaba una mejor versión de mí misma.

—Creo que nunca me he sentido con nadie como me siento contigo, Laura.

Esas palabras, con la luz apagada, ambos ya abrazados en su cama para dormir, entraron en lo más profundo de mi corazón. No tuve la valentía en ese instante de hacerle saber que era exactamente así como me sentía yo también, pero lo abracé más fuerte, siendo esa mi forma de transmitirle que me había agradado escuchar aquello.

* * *

Los siguientes días, con Diego en su pueblo y la casa para nosotros, transcurrieron como en una comedia romántica en la cual solo había espacio para los protagonistas y su amor. Nos separábamos solo el tiempo imprescindible para ir a trabajar, e incluso ahí el flujo de intercambio de mensajes era constante. Como si no pudiésemos soportar no saber en cada momento del otro. Por las noches siempre nos quedamos hasta tarde charlando, y nuestros encuentros íntimos también era cada vez más apasionados; Marcos parecía saber mejor que yo misma lo que yo quería en la cama.

—El sábado quiero darte una sorpresa —anunció el jueves por la noche, consiguiendo que casi me atragantase con los espaguetis a la carbonara que estaba comiendo.

—¿Una sorpresa? ¿Y eso? —pregunté con ilusión.

—A ver, quizás sorpresa no sea el modo adecuado de decirlo. No quiero que te hagas falsas expectativas, es solo que me gustaría llevarte a un sitio especial para mí. Fue el primer lugar en el que me sentí cómodo cuando me mudé a esta ciudad. Voy siempre que estoy triste y necesito sentirme bien; y te parecerá una tontería, pero quiero que lo conozcas —explicó evadiendo la mirada. Siempre que contaba algo que tenía cierta carga emocional para él, lo hacía; como si el contacto visual en ese instante fuese demasiado íntimo, o la línea de división entre mantener la compostura o caer en llanto.

—No me parece una tontería para nada, estoy deseando ir —dije con una amplia sonrisa—. Me pondré guapa para ti —añadí en tono bromista para intentar disipar el drama del ambiente.

—¿Te pondrás guapa? ¿Más todavía? Eso es imposible —contestó posando nuevamente la mirada sobre mí y dejando a un lado el semblante melancólico de unos instantes atrás.

—Igual me pongo hasta tacones si consigo andar con ellos —proseguí bromeando.

—No lo hagas —contestó sin estar ya siguiendo la gracia—. A mí me gusta cómo vistes. Me gusta que vayas siempre en zapatillas de deporte y cómoda, y no buscando llamar la atención —prosiguió, definitivamente hablando en serio—. Yo te quiero tal y como eres —concluyó, dejándome atónita con sus últimas palabras.

No podía creer que acabase de decirme que me quería. Esta vez estaba preparada para afrontar mis reservas y corresponderle; me había arrepentido de no haberle dicho que jamás nadie me había hecho sentir como él, así que en esta ocasión estaría a la altura.

—Entonces llevaré mis zapatillas deportivas. Y yo también te quiero tal y como eres.

* * *

Mi casa había pasado a ser una parada en boxes; la pisaba lo justo para buscar algo de ropa limpia o algún ingrediente que tuviese en la despensa y nos viniese bien para la cena. Marcos insistía en que no era necesario que yo trajese nada, pero me gustaba aportar mi granito de arena. Sin embargo, ese sábado, tratándose de nuestra cita especial, había decidido que quería arreglarme en casa para ponerme más mona y sorprenderlo. Tenía previsto alisarme el pelo y dejarlo suelto, e incluso había decidido ponerme un vestido; tenía uno azul marino que no era demasiado arreglado, por lo que no hacía falta llevar tacones.

—Estás preciosa —comentó Marcos al abrir la puerta del coche para que me subiese.

Tenía muchísima curiosidad por ver a dónde iríamos. Él iba tarareando como siempre la música que sonaba por la radio, pero parecía más alegre que de costumbre. Se notaba que estaba entusiasmado por mostrarme aquel lugar. Al llegar prácticamente a la otra punta de la ciudad, aparcamos en un descampado y, tras bajarnos del coche, me tomó por la cintura y fuimos andando unos metros hasta llegar a una esquina en la que se detuvo en seco. Tuve que realizar mis mejores esfuerzos para disimular mi cara de espanto al ver el tugurio del que se trataba: el bar Loli, como decía en un letrero mugriento, era un bar en cuya terraza cuatro abuelos fumaban y jugaban a juegos de mesa en sillas de plástico.

—¿Te gusta? —preguntó, expectante a mi reacción.

—Sí... Sí, claro —contesté sonriendo. Sabía que se trataba de un sitio sumamente especial para él, así que no quería herir sus sentimientos.

Tras sentarnos en una de esas mesas de plástico tan poco apetecibles, pidió un par de cañas para ambos.

—¿Seguro que no estás decepcionada? —incurrió nuevamente, haciendo que me preocupase el no estar disimulando bien mi desilusión.

—Para nada. Tiene su encanto, es como muy clásico. Además, si es tan importante para ti, también lo es para mí.

Tras estallar en una sonora carcajada, que terminó por dejarme descuadrada del todo, dijo:

—Pues deberías estarlo, y mucho. —Tras girar la cabeza para contemplar el panorama a nuestro alrededor, prosiguió—: ¿De verdad pensaste que es aquí a donde vengo para animarme? Si dan ganas de cortarse las venas...

—¡Serás malvado! —chillé con una mezcla de enfado por su mentira y alivio de poder dejar de disimular.

—Estabas muy linda fingiendo que el sitio estaba bien. Te agradezco el esfuerzo. El lugar al que vamos está cerca, pero queda media hora para la reserva, he visto este sitio y no me he podido resistir.

El lugar al que Marcos quería llevarme realmente no era tampoco un restaurante de lujo; aunque, tras nuestra parada en el bar Loli, sí me lo pareció. Se trataba de una pizzería familiar en la que Lidia, una camarera con aspecto maternal, nos atendió con absoluta familiaridad mientras le trasladaba a gritos la comanda a Federico; el cocinero que presumiblemente era su esposo. Entre ellos hablaban a voces en una mezcla de italiano y español, y en las paredes tenían colgadas macetas con flores y fotos en las que aparecían en Italia bastante más jóvenes, cambiados pero aún reconocibles. En especial me llamó la atención una en la que una Lidia más delgada y un Federico con más pelo estaban sentados en un muro con el mar detrás compartiendo un helado; se notaba en sus caras que estaban viviendo un momento inmensamente feliz.

—Entiendo por qué te gusta este sitio —comenté una vez que ya estábamos comiendo.

—Están muy ricas las pizzas, ¿verdad? —contestó Marcos.

—Sí, pero no lo digo por eso, sino por la energía del sitio. Gracias por haberme traído.

—Me alegro de que te guste. Nunca había traído a nadie. Hay algo que quiero darte, es una tontería. Pero lo vi el otro día y no sé por qué me recordó a ti —explicó, sacando de su bolsillo una cajita roja de cartón.

—No irás a pedirme matrimonio, ¿no? —dije a modo de broma mientras sostenía llena de emoción la cajita con mis manos. Era la primera vez que alguien me hacía un regalo tan inesperado y en una situación tan romántica y la verdad es que no sabía cómo reaccionar.

—Todavía no —contestó sonriendo—. Ábrela.

Dentro de la caja había una cadenita de plata con un colgante que tenía la forma de un candado diminuto con el dibujo de un corazón.

—Marcos, es precioso. Me encanta, pero yo no tengo nada para ti. —Sentí que era lo más valioso que me habían regalado jamás y seguía sin saber cómo reaccionar.

—Oh, pero ¡qué cosa tan bonita! —exclamó Lidia, que había venido a la mesa a retirar los platos.

—¿Has visto, Lidia? Esta chica tan guapa tiene el candado de mi corazón.

* * *

Los días al lado de Marcos iban pasando como en un sueño del que no despertaba. El tiempo en sí transcurría de manera extraña; por un lado volaba cuando estaba con él, pero por el otro la cosa avanzaba tan rápida entre ambos que tenía la sensación de que había pasado mucho desde que nos conocíamos cuando realmente no era así.

—¿No te parece increíble que mañana haga solo dos semanas que nos conocemos? —le comenté el viernes por la noche mientras cenábamos.

—Sí —contestó Marcos de manera inusualmente escueta, quizás porque andaba con el móvil en la mano. Me resultaba raro verlo con el teléfono, dado que casi nunca solíamos mirarlo cuando estábamos juntos.

—¿Va todo bien? Pareces preocupado —inquirí en un intento de averiguar con quién estaba hablando sin resultar indiscreta.

—Sí, bueno… Más o menos. Se trata de Estefanía —respondió, dejando por fin el teléfono sobre la mesa.

—¿Estefanía? ¿Quién es? —pregunté sorprendida. Por la forma de mencionarla parecía ser alguien de quien debía tener constancia, pero no era el caso.

—Estefanía es una amiga; una amiga un tanto especial. Nunca fuimos novios, no pienses nada raro. Sin embargo, ella es una persona emocionalmente muy inestable y frágil. Y, bueno... alguna vez en estos años algo ha pasado entre nosotros, pero nada importante.

La información que Marcos me estaba dando, a pesar de no ser nada fuera de lo común, me estaba lastimando como si estuviese pasándome un cuchillo por la piel, no entendía bien por qué. Igual se debía al hecho de que, aunque me había contado muchas cosas de su vida, nunca había mencionado a ninguna chica; ni siquiera al hablarle de mi ex. A pesar de ello, era evidente que no debía haber vivido metido en una burbuja y que un chico tan guapo debía haber tenido sus historias, pero aun así me estaba doliendo escucharlo.

—Ah, vaya, pobre... ¿Y cómo está? —Era mi manera sutil de averiguar qué quería de Marcos.

—Pues no muy bien. Cuando acude a mí es porque está pasando un momento malo. Sé que teníamos pensado ir al cine mañana, pero ¿te importa si lo dejamos para otro día? Me gustaría quedar con ella mañana para animarla.

—Sí, claro, no hay problema. Quedaré con mis amigas, que no las he visto estos días.

Era cierto. Sin ser para nada frecuente en mí, había abandonado al mundo entero para vivir en mi burbuja con Marcos. No pasaba nada por separarnos un día y, sin embargo, sí pasaba. Esa noche apenas pude dormir. Desde que nos habíamos conocido era él quien había buscado el no separarnos y quien siempre proponía algún plan; que, de repente, prefiriera hacer algo por su cuenta fue como aterrizar en otra realidad de un modo más brusco de lo esperado, porque el motivo de no vernos era que pasaría tiempo con otra chica, una con la cual además había tenido algo. No podía pedirle a alguien a quien hacía solo dos semanas que conocía que no quedase con una amiga, no podía decirle que sin querer me lastimaba la idea o que no tenía ganas de salir con mis amigas, sino de ir al cine tal y como habíamos planeado... Pero obviamente me callé porque mi sentido común me dijo que no podía soltarle todo aquello.

Sentada en la mesa del bar al que solíamos ir a beber los sábados, tenía la misma sensación que se tiene al regresar de unas largas vacaciones: todo está como siempre, pero tú estás un tanto cambiada por lo vivido. Por mucho que intentaba esforzarme en unirme a la conversación con mis amigas, mi mente estaba en otra parte y no paraba de revisar mi teléfono, esperando tener noticias de Marcos. Normalmente, siempre que estábamos separados no pasaba ni una hora sin intercambiar algún mensaje, pero ahora, desde que nos habíamos despedido en su casa con un «pásalo muy bien, nos vemos mañana» y un beso, no había tenido noticias. Había estado a punto de sugerirle que nos viésemos esa misma noche al llegar cada uno de sus planes, pero no quería dar la impresión de ser emocionalmente dependiente. Aunque quizás sí lo era un poco, porque no saber nada de él me estaba impidiendo disfrutar de la velada. Me decía a mí misma que era normal, que no podía prestarle atención a su amiga y a la vez estar con el teléfono. Además, solo eran las doce, seguro que pronto me preguntaría cómo me iba la noche; él se preocupaba siempre mucho por mi bienestar. El mensaje no llegaba, pero por suerte el alcohol empezó a causar efecto y la historia de Marta acerca de su ligue de Tinder, el cual no se parecía en nada a la foto, ni siquiera en el color de pelo, empezó a capturar toda mi atención. O al menos hasta que Lucía dijo:

—Son cerca de las dos y media. Deberíamos ir al Diván antes de que se llene tanto que tengamos que hacer la cola para entrar.

De camino hacia allá, la desesperación de no tener noticias de Marcos, sumada a la desinhibición que produce el alcohol, me llevaron a tomar la iniciativa de contactar con él.

«¿Cómo va tu noche? ¿Qué tal está Estefanía?», escribí mientras un murmullo en mi cabeza añadía unas cuantas palabras malsonantes al nombre de la chica; nunca había sido especialmente celosa hasta entonces y me sorprendió ese sentimiento, pero no quise darle más importancia. Solo un *check*. Su última hora de conexión se remontaba a las 10:25; probablemente estaba con ella desde entonces. ¿A dónde habrían ido a cenar? Seguramente ya debía de estar en casa; por mucho que fuese a tomar algo después de la cena, no era como quedar para salir. Por otro lado, resultaba extrañísimo que hubiese vuelto a casa y no me hubiese mandado un mensaje de buenas noches...

—¿Quieres guardar el teléfono de una vez? Llevas toda la noche con cara larga. Chiquilla, solo hace dos semanas que lo conoces —dijo Lucía, sorprendida con mi nueva forma de actuar.

Estaba claro que ella no podía entenderlo, y yo no tenía pensado gastar mis energías en explicárselo, dado que ella estaba acostumbrada al tipo de conexiones que yo también tenía antes de conocer a Marcos: bastante superficiales, en las cuales dos semanas daban para conocerse lo justo y en las que la intimidad no significaba nada. Ella no entendería que Marcos era quien más había llegado a conocerme de verdad ni el hecho de que estaba profundamente enamorada. Ella no tenía la suerte de haber conocido a su alma gemela, pero yo sí. Y, una vez que la conoces, estar separados resulta tortuoso. Como una ladrona, escondida detrás de una de las columnas para no entrar en conflictos ni escuchar más opiniones, revisaba cada vez más desesperada el chat, que no presentaba cambio alguno. Igual había olvidado el teléfono en casa, pero, de ser así, significaría que aún estaba por ahí tomando algo con... *esa*.

Cuando los celos volvieron a atacarme, decidí que se había acabado: debía confiar; Marcos no me había dado ni un solo motivo para desconfiar de él. Si hasta ese momento no había sido celosa, ¿por qué iba a empezar a serlo con la persona que mejor se había comportado conmigo? Resuelta, hice por distraerme sin revisar más el móvil y, aunque no me lo pasaba de miedo, al menos el tiempo empezó a transcurrir más deprisa hasta que por fin escuché las palabras que tanto anhelaba oír:

—Es tarde ya, tengo ganas de llegar a casa y hacerme unas tostadas de Nutella —dijo Marta.

De camino al coche, se me venía a la mente el momento en el que Marcos había posado su chaqueta sobre mis hombros y tuve sentimientos encontrados: muy feliz de tenerlo en mi vida, pero triste por lo abandonada que me sentía esa noche. Volví a sacar el teléfono del bolso con la esperanza de tener algún tipo de noticia, pero no fue el caso.

Horas más tarde, tumbada en mi cama, no podía pegar ojo mientras barajaba mil hipótesis acerca de por qué no me habría escrito; una parte de mí deseaba plantarse en su casa para entender qué pasaba y no sentirme lejos de él.

Tras dos semanas durmiendo a su lado, a mi cama le faltaban su olor y su calor. Por suerte, en algún momento el cansancio ganó la batalla y caí en un profundo sueño. Como si de un martillo se tratase, el sonido taladrante del teléfono, que había olvidado poner en silencio o no había querido parar en una esperanza vana de ser contactada, me despertó.

—¿Sí? —contesté a media voz sin mirar quién era.

—Por lo que se ve, alguien debió de pasarlo muy bien anoche —contestó un Marcos con voz bastante más fresca que la mía. Y el simple hecho de escuchar su voz reconfortó al fin mi corazón.

—Bueno, no estuvo mal —dije tras toser para aclarar un poco la voz—. ¿Y tú qué hiciste?

—Nada en especial. Fuimos a tomar un par de cervezas y nos recogimos temprano. Iba a escribirte, pero no quería resultar pesado. Me quedé sin batería y ya vi tu mensaje esta mañana.

Mientras lo escuchaba, sentía un alivio inmenso, y también enfado hacia mí misma. En vez de haber disfrutado la salida con mis amigas después de dos semanas sin verlas, había pasado la noche llenándome la cabeza de fantasmas sin motivo alguno.

—¿Quieres que vaya a tu casa? Tengo ganas de verte —propuse a pesar del cansancio y la considerable resaca.

—Me ha comentado Diego que vuelve hoy del pueblo, así que quiero aprovechar para ordenar un poco por aquí. ¿Qué te parece si te recojo a la hora de comer y después nos vamos al cine a ver la peli que queríamos ver ayer? —propuso él.

—Me parece perfecto, así duermo un poco más.

Dormir un poco más y pensar un poco menos. Qué dulce resultaba mi colchón con el alivio de saber que todo estaba igual de bien, o incluso mejor. Porque, si de algo me había servido la noche anterior, había sido para darme aún más cuenta de lo enamorada que estaba de Marcos.

Para ahorrar un poco y porque de resaca no se me ocurría otra cosa, fuimos a una hamburguesería del propio centro comercial. A pesar de haberme recibido tan cariñoso como siempre, durante la comida tenía la extraña sensación de verlo más ensimismado, aunque puede que fuese fruto de mi propia percepción algo distorsionada debido a la noche en vela.

—¿Qué tal estaba Estefanía? —No la había mencionado hasta entonces, pero ya no aguantaba más la curiosidad.

Tras quedárseme mirando un instante con una mirada que no terminaba de descifrar y me era un tanto ajena en él, puso una mueca extraña y contestó:

—Un tanto loca. Pero bien; después de charlar un rato, mejor. Ya te dije que solo me contacta cuando está regular. Ha tenido algunos problemas en el trabajo con un compañero.

—Vaya, pobre —contesté sin sentir pena alguna—. ¿Le has hablado de mí? —pregunté con sonrisa pícara, y dando más que por sentado que la respuesta sería afirmativa.

—No. Como estaba triste, no era plan. Y tampoco vi el momento. Estuvimos hablando de sus cosas —respondió, evadiendo un poco la mirada.

—¿Por qué no era plan? —sabía que estaba sonando inquisitiva, pero su respuesta me había resultado desconcertante.

—Ella es... ¿Cómo decirlo? —Tras pararse a reflexionar un instante prosiguió—: Algo posesiva en cuanto a mí se refiere. Sin tener motivo, ¿eh? Pero ya te he explicado que es una persona compleja.

—Ah —añadí a una respuesta que, lejos de aclararme nada, me planteaba más dudas. Demasiadas como para poder abordar esa conversación con resaca.

El ambiente de la cita cambió por completo, a pesar de que cambiamos de tema. Yo ya no estaba de humor e incluso había perdido en parte el apetito. Luego, mientras hacíamos fila para entrar a la sala del cine, Marcos hacía bromas acerca de los carteles de las películas anunciadas, algunas bastante buenas, pero yo no estaba de ánimo para reírle las gracias.

—¿Qué te pasa? Estás muy seria —preguntó al ver que sus gracias no cosechaban éxito.

—Nada, estoy algo cansada de haber dormido poco —contesté un tanto seca.

—¿Quieres que intente cambiar las entradas para otro día y te lleve a casa para que puedas descansar? —ofreció.

Una parte de mí quería; quería marcharse a casa y que él se fuese al cine con la compleja, posesiva y loca de Estefanía, o que se fuesen ambos a la mierda. Pero otra parte de mí, nada más escucharlo, sintió miedo ante la idea de separarse de él.

—No te preocupes, ahora sentada se me pasa. Y me apetece mucho ver la película —dije esforzándome por sonreír levemente.

—Como quieras —respondió, cogiéndome la cara con ambas manos y plantándome un gran beso.

Sentí que era una manera velada de poner fin a mi enfado. Unos instantes antes, probablemente hubiese buscado la manera de zafarme discretamente de aquel beso, que no sentía ganas reales de darle. Sin embargo, me dejé porque él había mencionado la opción de llevarme a casa y quería evitar que volviera a proponérmelo.

—¿Por qué no nos sentamos en esa fila de ahí y así estamos solos? —sugirió Marcos, señalando una de las filas laterales del fondo de la sala, que estaba vacía, cuando entramos en la sala.

Habíamos comprado unas palomitas para compartir y yo las tenía apoyadas sobre mis piernas. Con la película ya empezada, una de las veces que él fue a coger palomitas, subió la mano entre mis muslos y susurró en mi oído:

—¿Me has echado de menos? Yo a ti sí... —Y tomó mi mano para meterla dentro de su pantalón.

—Marcos, ¿qué haces? —lo regañé con un susurro de timbre elevado.

—Shh... Calla —dijo, acercándose a besar mi cuello a la par que deslizaba su mano dentro de mis bragas.

Miré hacia los lados para ver si alguien nos miraba, pero, salvo una pareja mayor que estaba un par de filas más adelante y pendiente de la película, nadie parecía tenernos en el perímetro. Entonces Marcos se puso de rodillas delante de mí para levantarme la falda.

—Estás loco —dije, cerrando los ojos por no dar crédito a lo que estaba haciendo, pero demasiado entregada como para querer frenarlo.

—Loco por ti —contestó y empezó a practicarme sexo oral ahí mismo. Me sentía tan excitada ante la situación, el enfado que tenía y lo mucho que él me ponía que le hubiese dejado hacerme cualquier cosa. Después de correrme una primera vez, nos levantamos y salimos de la sala para dirigirnos a los baños del cine; fui directa a una de las cabinas, buscando cierta privacidad.

—¿A dónde vas? —preguntó él, tomándome de la mano y colocándome frente al espejo del lavabo mientras levantaba una de mis rodillas para penetrarme mejor.

—Aquí no, puede entrar alguien —dije, pero dejándome hacer.

—Tranquila, confía en mí.

Y, tras ponerse un preservativo, empezó a embestirme con fuerza contra el lavamanos frente al espejo. Ver nuestro reflejo era como estar nuevamente en la sala del cine: parecía estar contemplando a alguien que no era yo; alguien mucho más libre y desinhibida de lo que jamás imaginé que pudiese llegar a ser.

Al salir del baño nos cruzamos de frente con un segurata y nos entró un ataque de risa. No podía seguir enfadada con él.

—¿Te apetece un helado? Porque a por las palomitas ya no vamos a entrar —bromeó, mirando hacia atrás para ver si alguien nos seguía.

Fuimos a una heladería cerca de mi casa a comprar unos helados y luego a dar un paseo, aunque pronto nos sentamos en un banco.

—¿Te quedas hoy a dormir en mi casa? —pregunté, ansiosa por volver a dormir con él.

—Me encantaría, pero vuelve Diego y me parece feo no estar. Esta semana te lo presento y así puedes seguir quedándote en mi casa. ¿Te parece? —preguntó con esa mirada tan tierna que a veces ponía y hacía que se me cayese la baba.

—Me parece.

* * *

El día siguiente me sentía molida. Había sido un fin de semana destinado a todo menos a descansar, por lo que no paraba de encontrarme errores a la hora de repasar mi propio trabajo. Así las cosas, decidí que debía ser un poco responsable y quedarme hasta después del cierre para avanzar un poco y no encontrarme quehaceres acumulados desde el comienzo de la semana. De todos modos, no había faltado el flujo incesante de mensajes entre Marco y yo; esa era una distracción a la cual no estaba dispuesta a renunciar a pesar de que ese día decidimos no vernos, ya que él estaba con trabajos pendientes por corregir, y yo con mis partes de obra atrasados. Cenaríamos juntos al día siguiente y así conocería por fin a Diego.

El martes por la noche, tal y como habíamos acordado, me planté en su casa. Era la primera vez en mi vida que llevaba a una cena un vino de quince euros. Para alguien con un paladar tan inexperto como el mío, cualquier vino que viniera en botella en vez de en brik era más que aceptable, pero quería causarle a Diego una buena impresión, y Marcos me había contado que era un tanto estirado para el tema de la comida.

Tenía un leve dolor de cabeza por la cantidad de trabajo y el cansancio del fin de semana, pero confiaba que se me iría disipando durante la cena.

—Pasa —me recibió Marcos con un beso y una amplia sonrisa—. Diego está en la ducha, ahora sale —añadió al ver cómo buscaba con la mirada encontrarme en el salón con alguien más.

—Voy poniendo los platos —me ofrecí.

—Vale, así termino de aliñar la ensalada y alguna cosilla más.

—Pero, bueno, ¿vas a poner a trabajar a la invitada? ¿Qué modales son estos? —dijo una voz nueva para mí.

Me giré y me topé con una estampa muy distinta a la que había preconcebido en mi cabeza. Por las cosas que me había contado Marcos acerca de Diego (el ser de un pueblo pequeño, el no gustarle salir, el buen comer...), había visualizado un perfil más rural; un chico más bajito y robusto, de rasgos fuertes, y no ese joven alto, delgado, rubio y de ojos claros, que se acercaba con andares gráciles a saludarme.

—Soy Laura —fue lo primero que me salió contestar.

—Lo sé —dijo él con una leve risa, para no resultar cortante en su respuesta.

Unos minutos después, estábamos sentados a la mesa escuchando todo tipo de historias del pueblo de Diego, de cómo se habían conocido él y Marcos, y de algún que otro viaje que no había salido del todo como fuera planeado. A diferencia de Marcos, que era más de escuchar, Diego no callaba; probablemente por eso se complementaban bien, y por suerte tenía una forma bastante amena de contar sus anécdotas.

—Tengo que preguntarlo —dije en voz baja al ausentarse Diego un momento para ir al baño—. ¿Es gay?

—Lo es —contestó Marcos.

—¿Y por qué no me lo habías dicho? —me asombré.

—No sé, no me pareció relevante.

En ese momento volvió a entrar Diego absorto en su móvil.

—No me lo creo. ¿Qué os había dicho? Sabía que si me volvía iban a nacer los cochinos y me lo iba a perder. Pues justo me manda mi hermana la foto...

—Bueno, puedes ir este *finde* y nos traes uno —bromeó Marcos.

—Por cierto, antes de que se me olvide, me contactó Estefanía mientras estaba en el pueblo. Decía que no te localizaba y estaba preocupada —comentó tan tranquilo mientras seguía mirando su teléfono. Y, al escucharlo, me volvió como una punzada el dolor de cabeza.

—Sí, no te preocupes, quedé con ella el sábado —respondió Marcos también tranquilo pero algo más serio.

—¿Cómo está? Tengo ganas de verla, la podrías haber invitado —sugirió Diego, haciendo que mi cuerpo se tensase como si ella fuese a aparecer en ese instante por la puerta.

—Está bien —zanjó Marcos incluso un poco más serio. Se notaba que no quería llevar la conversación por esos derroteros.

—Me alegro, la echo de menos. Aunque la verdad es que es una alegría no tener el baño abarrotado con sus cremas —bromeó Diego.

En ese momento sentí que algo se había roto dentro de mí. ¿De verdad me estaba dejando caer Diego que Estefanía había vivido con ellos? La cabeza me iba a reventar, pero no quería sacar conclusiones precipitadas. Lo único que quería era terminar de una vez esa cena para poder ir con Marcos a la habitación y preguntarle por todo.

—¿Por qué no me habías dicho que Estefanía vivía con vosotros? —pregunté nada más cerrar la puerta detrás de mí, con un tono tan directo que hasta a mí me sorprendió. Estaba nerviosa ante su respuesta; tenía la intuición de que Marcos me estaba ocultando algo importante.

—Porque nunca ha vivido aquí —respondió él con un tono desenfadado que me puso aún más nerviosa.

—¿Y lo que ha dicho Diego de las cremas en el baño? —inquirí sin estar nada conforme con su respuesta.

—Ah, eso... Pues ya te dije que es una persona complicada. Cuando ha tenido algún apuro económico alguna vez se ha quedado aquí unos días, como favor, pero eso yo no lo considero vivir aquí —se justificó Marcos y, aunque su argumentación tenía lógica, por algún motivo no me dejaba más tranquila. Mi estómago me decía que había algo más que no me quería contar.

—¿Y en unos días os llena el baño de cremas y Diego ya la echa de menos? —insistí nuevamente, intentando sonsacarle algo más.

—Diego es un poco exagerado a la hora de expresarse, para él igual una crema es llenar el baño. Y ahora, si ha terminado el interrogatorio, me gustaría dormir porque mañana me espera un día largo —concluyó Marcos con un tono de voz bastante más serio del que solía utilizar conmigo normalmente.

Resultaba evidente que mi actitud no le agradaba, y por primera vez pasamos la noche juntos sin que tuviésemos intimidad. A pesar del enfado, una parte de mí ansiaba ese tipo de reconciliación, por ello a los cinco minutos de acostarnos en la cama, lo abracé buscando el roce de su cuerpo. Pero él, a pesar de dejarse abrazar, se mantuvo impasible.

* * *

A la mañana siguiente, veía el asunto menos grave, en parte porque en la casa vibraba una alegría especial: Diego andaba ya en pie en la cocina, que desprendía un aroma delicioso a café y tostadas, mientras canturreaba con la radio de fondo.

—Buenos días, guapísima. ¿Café? —ofreció con esa sonrisa de anuncio que tenía, haciéndome sentir como en el *buffet* de un hotel de lujo.

—Pues no te digo que no —accedí encantada.

Me unté un par de tostadas del pan de pueblo con la rica mermelada casera que había traído, y me sentí feliz por ese magnífico desayuno.

—Otra foto, qué pesada es mi hermana —se quejaba Diego—. Aunque no pueden ser más adorables, mira —dijo, mostrándome la pantalla del teléfono. En la foto se veían tres cerditos muy tiernos.

—¡Oh! —exclamé al verlos—. ¿Miss Peggy? —tuve que preguntar al ver el contacto del chat.

—Sí —respondió Diego con una fuerte carcajada—. Cosas de hermanos. Mejor no preguntes cómo me tiene registrado a mí.

En ese momento, Marcos asomó la cabeza por la puerta.

—¡Hombre, si se ha despertado el príncipe de la casa! —exclamó Diego al verlo.

—¿Vas a tomar café? —le preguntó.

—Sí, pero caliéntamelo. Voy a pegarme un ducha primero —contestó adormilado antes de salir nuevamente de la cocina, sin reparar demasiado en mí.

Me preocupaba un poco que siguiese molesto por la charla de la noche anterior.

—A sus órdenes —respondió Diego, levantándose de la mesa para poner el cazo de la leche sobre la vitrocerámica.

Sonó nuevamente un mensaje en su teléfono.

—No seas pesada. Hace un día que me he ido y ya me estás echando de menos. ¡Es que no podéis vivir sin mí! —Envió la nota de voz y me guiñó un ojo.

—¿Te lo puedes creer? No han pasado ni veinticuatro horas y ya me acribillan a mensajes —me comentó bromeando, pero haciendo que nuevamente se encendieran mis alarmas.

Si había llegado el domingo, ¿por qué decía que llevaba solo un día allí? ¿Acaso estaba siendo exagerado o era en sentido literal?

—¿Qué tal están los cerditos? ¿Cuando te fuiste no parecía que fueran a nacer todavía? —pregunté, buscando obtener respuesta a mis dudas de un modo disimulado.

—La verdad es que no. No parecía tan inminente. Piensa que me fui ayer al mediodía y que los muy cochinos nacieron justo dos horas después de que yo subiera al autobús. ¡Qué rabia! —respondió.

—Sí, qué rabia —contesté, sintiendo cómo se me atragantaba la tostada.

Marcos me había mentido. Supuestamente no había podido ir el domingo a su casa para dejar que la limpiase para la llegada de Diego, ni había cenado conmigo el domingo para recibirlo a él. Había querido alejarme de allí justo tras cenar con Estefanía. ¿Por qué? Las ideas se agolpaban en mi cabeza como ladrillos, pero no me veía capaz de enfrentar a Marcos en ese momento, con lo seco que estaba.

Esa mañana nos despedimos con un escueto beso en los labios y, mientras estaba en el trabajo, no podía parar de dar vueltas en torno a lo mismo. Era evidente que me había mentido, pero, si lo enfrentaba, probablemente me daría alguna explicación sencilla del tipo: «Diego iba a venir el domingo, pero al final se quedó un par de días más por si nacían los cerditos», y nuevamente yo quedaría como una loca que necesitaba explicación por todo. No llevábamos ni tres semanas juntos, no podía actuar así. Pero, por otro lado, resultaba tortuoso intentar juntar las piezas del rompecabezas: la cena con Estefanía, el no recibir ningún mensaje esa noche, el teléfono apagado y el no querer que fuese al piso la mañana siguiente... Se me aceleraba el corazón con la idea de que todo estaba relacionado. Pero... ¿y si no lo estaba? ¿Y si era cierto que él solo había quedado el sábado para tomar un par de cervezas, y el domingo había arreglado el piso para recibir a un Diego que luego había aplazado su vuelta? Malditos y adorables cerditos, pensé. Entonces recordé el encuentro fogoso del cine; esas ganas no eran propias de alguien que te hubiese engañado la noche anterior. ¿Para qué? Si estaría mejor imposible en todos los aspectos... A pesar de ello, una extraña y desagradable sensación dentro de mí no lograba disiparse y sentía que había algo que yo no sabía; y, peor aún, algo que no me iba a gustar averiguar, pero que tenía que descubrir.

Era evidente que, para colmo, Marcos seguía bastante molesto: estaba más seco y tardaba más de lo habitual en contestar mis mensajes; tampoco había hecho alusión a si nos veríamos esa noche.

—¿Quieres venir a dormir hoy a casa? —le envié el mensaje y guardé el móvil en el primer cajón de mi mesa; sabía que no contestaría de inmediato y estando todo el rato pendiente sería imposible trabajar. Aun así, no podía evitar abrir el cajón cada veinte minutos para revisar si tenía respuesta.

A la cuarta vez, se confirmó lo que sospechaba: «Tengo tutoría y terminaré tarde, prefiero ir a casa a descansar». Seguía seco y no me ofrecía que fuera yo, por lo que una sensación de apatía y tristeza se apoderó de mí. ¿Por qué había tenido que ofenderme tanto por el comentario de Diego? No hacía tanto que nos conocíamos, debería haber guardado más la calma. Me sentía horrible por no estar como estábamos siempre. ¿Y si eso le hacía cambiar de opinión? Respiré hondo y agarré entre mis dedos el candado del colgante que me había regalado Marcos. Tenía que calmarme; él me había demostrado mucho amor y esto no iba a cambiar por una discusión absurda. Además, tampoco me había enfadado tanto, solo había planteado una pregunta normal. Repasaba nuevamente el momento en el que le había comentado lo que no me encajaba, intentando recordar el tono exacto de mi voz.

—¿Estás bien? Tienes mala cara —me preguntó María.

—Sí, estoy un poco regular del estómago. Voy al baño. —Necesitaba levantarme y andar un poco para sopesar qué contestar.

Tenía muchas ganas de preguntarle si estaba enfadado o si podía ir esa noche a su casa, pero algo me lo impedía. No quería bajo ningún concepto empeorar la situación. Si no lo había propuesto él, sabía que era porque no quería; Marcos era muy claro a la hora de plantear las cosas. Tras pensar un rato en la mejor respuesta, decidí contestar: «Si ayer te incomodé preguntando, de verdad que lo siento. Que vaya bien la tutoría. Un beso».

Sí, era consciente: acababa de agachar la cabeza como un avestruz cuando presiente el peligro, pero a lo largo del día algo en mí había cambiado. El día anterior estaba tan convencida de lo mucho que significaba para Marcos que no había dudado en enfadarme; sintiéndome plenamente en el derecho de pedirle explicaciones. Sin embargo, tras notarlo distante, me había enfrentado a la inseguridad de poder perderlo, y esa era una idea que no podía soportar.

Su respuesta no se hizo esperar: «Gracias. Mañana podemos dormir en tu casa. Un beso».

«Te quiero».

Sus mensajes —ofreciéndome la tranquilidad de vernos mañana, pero sobre todo con aquel «te quiero», que me hacía saber que todo estaba bien entre nosotros— recorrieron cada célula de mi cuerpo como el chorro de una ducha caliente en invierno. Pasé de sentir náuseas por la preocupación a regresar flotando de felicidad y alivio a mi mesa.

—Cómo se nota que has cagado. Te ha cambiado el color de la cara —apreció María con esa rudeza tan característica suya, provocándome una gran carcajada.

* * *

A pesar de la paz inicial, esa noche al llegar a casa no podía parar de darle vueltas al comentario de Diego, y al hecho de que sabía muy poco acerca de la vida amorosa de Marcos. Tampoco tenía redes sociales, lo cual no me permitía intentar hacer ningún tipo de averiguación. Tenía mucha curiosidad por saber cómo era Estefanía y me preguntaba cuántas veces habría surgido algo entre ellos y por qué tenían que conservar la amistad. Si era tan compleja, que se buscase un psicólogo, pero que dejase en paz a mi novio; porque era así como consideraba a Marcos a estas alturas. No lo habíamos hablado, pero resultaba evidente. Alguien que te escribe que te quiere no puede ser solo un rollo...

La mañana siguiente madrugué mucho porque me había propuesto sorprender a Marcos con una cena romántica; me esforzaría y cocinaría algo rico para él, y para ello quería acercarme al mercado por productos frescos antes de entrar a trabajar.

«¡Buenos días, angelito! Espero que hayas dormido bien. Tengo una sorpresa para ti esta noche», le envié bien temprano. A pesar de la dificultad de encontrarme en la cola de la frutería, con las manos repletas de bolsas de verduras para pagar, no podía evitar sonreír al imaginarlo leyendo mi mensaje. Una sensación de calidez me llenaba el pecho de emoción ante la idea de volver a estar juntos. Solo una noche lejos de él ya resultaba demasiado.

De muy buen humor a pesar del madrugón, llegué al trabajo dispuesta a esforzarme para terminar un poco antes y poder ir a casa a prepararlo todo. ¡Por primera vez en mi vida, iba a hacer una pasta casera rellena de espinacas, calabaza y queso de cabra! Sin embargo, mi ánimo se disipó antes de lo previsto, a las nueve y media de la mañana, al ver que todavía no había obtenido respuesta de Marcos. Era muy extraño, él siempre me daba los buenos días antes de entrar al colegio. ¿Seguiría molesto conmigo? No tenía sentido, porque el día antes me había dicho que me quería... El mensaje aún no aparecía como leído; ¿se habría quedado dormido?

Sobre las once, mi malestar empeoró considerablemente al comprobar que su última conexión se registraba a las 10:39 y ver que mi mensaje seguía sin ser leído. En ese instante me sobrecogieron unas ganas irrefrenables de llorar que me llevaron corriendo al baño. El hecho de pensar que algo iba mal me desestabilizaba por completo y me sentía demasiado ansiosa como para poder volver a mi mesa a trabajar. Me eché un poco de agua fría en la cara e intenté tranquilizarme; seguramente habría algún tipo de explicación y yo estaba sacando las cosas del tiesto. Volví a mi mesa, pero me resultaba casi imposible concentrarme en mis labores. El tiempo avanzaba y seguía sin noticias hasta que, por fin, a las 12:45 recibí respuesta: «Buenos días. Se han puesto malos un par de compañeros y llevo una mañana de locos, ¿una sorpresa?».

Por fin podía volver a respirar, estaba todo bien. No entendía por qué me montaba enseguida esas películas enormes con él.

«Vaya, qué putada. ¡Sí! No te adelanto nada hasta esta noche ;)», le contesté.

Por fin tranquila, me puse a trabajar. Con el ritmo que había llevado hasta entonces, podía olvidarme por completo de salir antes, pero al menos quería intentar no salir más tarde de lo normal. Nuevamente la respuesta de Marcos se había hecho esperar y se me hacía raro, porque me tenía acostumbrada a un flujo de mensajes contantes. Normalmente era yo quien lo hacía esperar por tener que trabajar; y siempre que revisaba el móvil había algún mensaje suyo aguardándome, pero no quería volver a preocuparme; ya me había explicado que tenía una mañana de locos, así que no había por qué inquietarse.

Las horas iban pasando sin noticias hasta pasadas las cinco de la tarde. Por enésima vez, encendí la pantalla de mi móvil y ahí estaba al fin, su tan ansiado mensaje: «Suena muy bien, pero ¿te importa si lo dejamos para mañana? Además de tener a dos profesores enfermos, han venido un par de compañeras nuevas al centro y hemos dicho de ir a tomar algo después de clase para celebrar que hemos superado este día infernal».

El mensaje me cayó como un jarro de agua fría. No solo por la decepción de no verlo, sino también por el mar de dudas que surgieron en mi interior: ¿Iban a tomar algo? ¿Quiénes? ¿Él y las nuevas? ¿O con «hemos dicho de ir a tomar algo» se refería a toda la plantilla? No entendía cómo prefería ir a tomar algo con otras personas en vez de verme; yo estaba ansiosa por volver a estar con él. Por otro lado, si iban todos, igual no quedaba bien si desertaba. Arghh... Menudo día de mierda.

* * *

Llegué a casa de lo más desanimada, pero aproveché para recoger un poco y realizar algunos preparativos para la elaboración de la cena del día siguiente; pues, al parecer, dejar la pasta fermentando en la nevera durante varias horas era mejor para las enzimas digestivas. Cuando acabé, agarré mi móvil y, casi como si se tratase de un premio a mi esfuerzo, tenía un mensaje: «Ya estoy en casa, tengo muchas ganas de verte mañana. También de ver la sorpresa, pero mi mejor sorpresa siempre serás tú».

Resultaba indescriptible el subidón que me producía leer aquello. De golpe el día tan horrible que había pasado quedó borrado al leer esas palabras.

Inmensamente feliz, me fui a dormir anhelando nuestro reencuentro y, al levantarme por la mañana, Marcos se me había adelantado en darme los buenos días como de costumbre. También durante el trabajo debía tener el día menos caótico, porque me escribió con la frecuencia de siempre; y no solo eso, sino que estaba cercano, alegre e ingenioso como el Marcos de siempre, ese que tanto me gustaba.

Antes de darme cuenta, ahí estaba, en la puerta de mi casa, y me lancé sin pensarlo a sus brazos. Él me levantó del suelo y, fundidos en un beso apasionado, fuimos directos al dormitorio a comernos el postre.

* * *

—¿Esta era tu sorpresa? —preguntó bromeando, ambos aún desnudos y abrazados en la cama.

—¡Claro! ¿Acaso se te ocurre una sorpresa mejor? —contesté siguiendo la gracia—. La sorpresa está en la cocina, y requiere aún cierta elaboración.

—¡No! ¡No me lo puede creer! ¿Vas a cocinar para mí? —exclamó exagerando el detalle, porque sabía de sobra mis carentes dotes culinarias.

—Sí, pero no te acostumbres —contesté, levantándome de la cama para ponerme el camisón.

—Eso es aún mejor que la sorpresa que me acabas de dar —dijo con una risita.

—Qué tonto eres.

Al final, ambos terminamos preparando la pasta en mi pequeña cocina como la típica pareja adorable de las películas estadounidenses. Me sentía inmensamente feliz pasando tiempo con él.

Tras terminar de cocinar y poner la mesa, nos sentamos a comprobar cómo nos había quedado el experimento y, después de intercambiar miradas, a ambos nos entró la risa.

—Está un pelín dura —observé, masticando con cierta dificultad.

—¿Un pelín? Esto lo ve Lidia y no nos deja volver a su restaurante. —Tras decir eso, agarró su móvil, que acababa de sonar, y sonrió al ver la pantalla.

—¿Es Diego? —pregunté con tono afable para no resultar descarada a la hora de querer saber quién le había provocado esa reacción.

—No, es Noelia. Una de las compañeras que te dije ayer. Es muy divertida, te caería bien. La pobre no es de aquí, así que ayer le enseñé algunos locales cerca de donde se aloja, y está cenando hoy en uno.

Marcos tenía el don de contar con total naturalidad cosas que me llevaban a enloquecer de rabia y celos. ¿No se suponía que habían ido varios a tomar algo con las nuevas? ¿Por qué había terminado haciendo él de guía para la tal Noelia? ¿Por qué ella tenía su número y le escribía a esas horas con tanta confianza si se acababan de conocer? Que me iba a caer bien, decía. Lo dudaba mucho. Quería hacerle mil preguntas al respecto, pero tenía miedo de que Marcos se molestase como el otro día, así que solo sonreí, y me atraganté en mis dudas.

Cambiamos de tema y en mis inmensas ganas de compartir tiempo con él, hice un esfuerzo por no estar molesta y pasarlo bien. Estuvimos un rato charlando y luego vimos una película abrazados en el sofá. Durante la película, a veces contestaba algún mensaje, y yo no podía evitar preguntarme si se trataría de esa tal Noelia. Esperaba que solo estuviese cubriendo una baja y que se fuese pronto.

A la mañana siguiente, nos despedimos en mi portal.

—Esta noche vente tú a casa y prepararé algo comestible para ambos. A no ser que quieras que coja unas piedras para ti. Puedo hacerlo si quieres.

Debía de ser probablemente por lo enamorada que estaba, pero durante la mañana a veces no podía evitar reírme sola acordándome de la ocurrencia de Marcos acerca de las piedras.

«Hoy soy yo quien tiene una sorpresa para ti», me dijo en uno de sus mensajes.

Pero, por muchas vueltas e hipótesis que hice durante el día, ninguna de ellas se acercó ni lejanamente a la sorpresa que Marcos se refería.

—Ah, eres tú. Adelante, preciosa —dijo Diego tan sonriente como lo recordaba al abrirme la puerta—. Pensé que era Noelia.

—¿Noelia? —pregunté, inmensamente sorprendida.

—¡Diego! —lo regañó Marcos desde el salón—. ¿Para qué dices nada? Acabas de fastidiarme la sorpresa.

—Vaya, no me esperaba que fuese eso —respondí, intentando disimular mi disgusto ante la noticia. Y tras saludar a Marcos con un beso, comenté—: ¿Cómo es que viene Noelia a cenar?

—La pobre se siente un poco sola, así que fui a almorzar con ella y se me ocurrió proponérselo para que la conozcas. Ya verás lo maja que es.

Me sentía rabiosa y confundida a partes iguales. ¿Por qué había ido a almorzar con ella y encima la invitaba a cenar? Por otro lado, el hecho de querer presentármela demostraba que no había nada malo que ocultar. De hecho, así podría ponerle cara; igual era fea o lesbiana, o igual se marchaba la semana siguiente. Antes de que me diese tiempo de seguir elucubrando más variantes, sonó el timbre y una Noelia bastante mona fue recibida, con demasiada amabilidad para mi gusto, por Marcos.

—Me daba apuro llegar con las manos vacías, así que he traído un vino —dijo, dándole a Marcos la botella y quitándose la chaqueta. Tenía muy buen tipo para desgracia mía.

—Un vino es perfecto —contestó Diego, dirigiéndose hacia ella para darle dos besos.

—Estos son Diego y Laura —explicó Marcos, como si estuviese presentando a sus compañeros de piso en vez de a su pareja. Hubiese preferido escuchar un «este es Diego, y ella es mi novia, Laura», pero igual estaba siendo susceptible; era muy probable que Marcos ya le hubiese hablado de mí.

—Como ya sabéis, ella es SuperNoelia y ha venido para salvarnos este trimestre. —La manera en la que Marcos la anunció me sentó como una patada en el estómago; más todavía por la sonrisa con la que Noelia lo contemplaba.

—No seas exagerado, yo solo he venido a hacer mi trabajo —respondió humildemente, pero a la vez con familiaridad, dejando entrever lo cercana que se sentía con él en ese corto lapso de tiempo.

—No seas modesta. No sé qué haríamos sin ti —insistió Marcos, provocándome ganas de estrangularlo.

—¿Quieres que os ayude con algo? —se ofreció Noelia.

—No, eres mi invitada, siéntate —se apresuró a responder él.

Durante la cena, mi confusión y enfado fueron en aumento. Marcos prestaba lo que a mi parecer era una atención excesiva a Noelia; era cierto que ella era su invitada, pero era totalmente el centro de la reunión. Por otro lado, su comportamiento hacia mí no dejaba nada claro el hecho de que fuésemos pareja. Es verdad que el día que cenamos con Diego también tuvimos una actitud más relajada y no nos comportamos como unos adolescentes comiéndonos a besos en la mesa delante del resto, pero estaba echando en falta algún tipo de apreciación que matizase nuestra situación. Y el colmo fue cuando, al ausentarse Marcos para recoger la mesa, Noelia preguntó con total inocencia:

—¿Vivís los tres juntos?

—No, vivimos juntos Marcos y yo. Laura es amiga de Marcos. Bueno, y también mía, claro —contestó Diego, dejándome totalmente planchada.

La pregunta de Noelia demostraba que Marcos no le había hablado demasiado o nada de mí; pero que Diego me catalogase de amiga, eso sí que no pensaba permitirlo.

—Sí, Marcos y yo llevamos saliendo poco tiempo —añadí.

—Ah, ¿estáis saliendo? No tenía ni idea —dijo, y alzando un poco la voz para ser escuchada en la cocina añadió—: Marcos, no me habías dicho que tenías novia.

—¿Ah, no? —preguntó él, regresando a la mesa. Y, tras darme un pico en los labios, añadió con esa manera relajada que tenía de reaccionar cuando lo pillaban con el carrito del helado—: Creía que sí.

Aunque de forma sutil, la actitud alegre que había tenido Noelia durante toda la velada mermó y se quedó algo más ensimismada, lo que me confirmó que no esperaba averiguar que Marcos tuviera pareja. Viendo cómo actuaba él con ella, tampoco me sorprendió demasiado. Si había ido a tomar algo con ella para enseñarle los locales de la zona, a almorzar y ahora la invitaba a cenar, dejándole saber que era SuperNoelia, no era de extrañar que ella hubiese creído ver algún tipo de interés por parte de él.

No comprendía por qué Marcos se comportaba así. ¿De verdad lo hacía solo por ser buena persona? ¿De ser un compañero nuevo estaría haciendo lo mismo? Si hubiese querido tener algo con ella no tenía sentido organizar esa cena, pero resultaban excesivas tantas atenciones por alguien a quien solo trataba a través del trabajo...

—¿Qué te ocurre? —me peguntó un par de horas más tarde cuando, ya en el dormitorio, al besar mi cuello notó que yo no estaba del todo por la labor.

—No lo sé, estoy confundida. Quiero plantearte algo, pero no quiero que te enfades otra vez conmigo —le comenté en el tono de voz más dulce y velado de todo mi registro; pero a pesar de ello noté cierta desaprobación en su semblante.

—A ver, suéltalo —contestó.

—Ten en cuenta que nos estamos conociendo, así que aún no sé del todo cómo eres y quizás te comportas siempre así, pero... ¿No te parece que igual Noelia ha podido malinterpretar tus intenciones con ella?

Se quedó pensando un instante, que se me hizo eterno. ¿Acaso lo había disgustado?

—Esto me trae recuerdos; recuerdos que no me gustan, Laura. Yo soy una persona amable, no creo que eso tenga que malinterpretarse; y, como bien dices, nos estamos conociendo. ¿Era necesario dejarle claro a Noelia que estamos saliendo? ¿Me estabas marcando como una propiedad a la que no quieres que se acerquen? A mí no me gustan las etiquetas ni las posesiones, yo soy de sentimientos y de confianza. Y veo, por lo que me planteas, que en eso somos muy distintos... —A medida que hablaba se me iba revolviendo el estómago. Nuevamente había conseguido que me sintiese exagerada y culpable por mi planteamiento y, peor aún, era evidente que había vuelto a decepcionarlo. ¿Por qué no me había callado sin más? Ahora estaríamos haciendo el amor y no nuevamente disgustados.

—Lo siento. Yo sí confío. Ella preguntó cuál era nuestra relación y... bueno, creo que soy algo más que una amiga. Y, la verdad, me pareció que se sentía incómoda ante la respuesta —me justifiqué, intentando suavizar la situación.

—Tampoco hemos dejado claro que seamos novios —respondió Marcos de repente. Entonces miró hacia arriba resoplando, sin ser capaz de sostenerme la mirada después de lo que acababa de decir, y añadió—: Con lo agradable que había sido la noche. Tengo mucho trabajo mañana, Laura; si quieres podemos dormir, pero si prefieres marcharte a casa por no sentirte cómoda lo respetaré. En cualquier caso, no quiero discutir más. —Escuchar aquello, esa forma velada de echarme de su casa, hizo que dos enormes lagrimones brotasen de mis ojos.

—Lo siento. Yo tampoco quiero discutir. —Fue todo lo que pude responder intentando controlar mi llanto.

—Anda, ven aquí, tonta. No llores —me consoló, abrazándome y, reclinándonos a ambos en la cama, añadió—: Duérmete.

Entonces me dio un beso en la frente y no dijo nada más ni yo tampoco, aunque durante un rato aún estuve intentando frenar mi llanto en silencio.

* * *

A la mañana siguiente, ambos actuamos como si nada hubiese pasado, lo cual me produjo un enorme alivio. A pesar de ello, me dirigí al trabajo intranquila, porque temía que estuviese distante por mensaje. Y vi que no me equivocaba cuando, cerca de las diez de la mañana, me contactó y, por la forma de hacerlo, supe que ese día hablaríamos menos. Igual era el tipo de persona que necesitaba más espacio tras una discusión... A mediodía me envió una foto de una tapa de comida y solo puso: «Tenemos que venir a este sitio». En la foto se apreciaban dos bebidas y automáticamente me pregunté si habría ido nuevamente a comer con Noelia; pero no tuve el valor de comentárselo, porque sabía que se enfadaría. También tenía ganas de saber si nos veríamos más tarde, pero intuía que el hecho de preguntarlo en ese momento también resultaría contraproducente, así que me limité a contestar: «Tiene buena pinta».

Era extraño, una de las cosas que desde el comienzo más me habían gustado de Marcos era que sentía que no tenía que pensar antes de contestar y que podía hablar con él de cualquier cosa. Ahora, sin embargo, no me sentía para nada así e intentaba hacer acopio de voluntad para no enviarle demasiados mensajes o le daba muchas vueltas a qué decir, como si solo hubiese una opción correcta; una que me acercaba o alejaba de su afecto. Tal y como había imaginado, a media tarde Marcos me dejó saber que tenía demasiado trabajo para vernos ese día. Me dio pena, pero el disgusto no fue muy grande dado que me lo esperaba, así que decidí ser un poco práctica y quedarme hasta tarde a trabajar.

Cerca de las diez de la noche, de camino a casa, iba nuevamente pensando en lo único que podía pensar últimamente, en él. Me dolía recordar el instante en el que me había dejado saber que nunca habíamos acordado ser pareja. ¿Lo había dicho fruto del enfado o realmente lo veía de esa manera? Empezaba a entender que, aunque de entrada no daba esa impresión, Marcos era alguien bastante orgulloso. Mis divagaciones se interrumpieron al ver a una chica rubia sentada en mi portal. No tenía aspecto peligroso, pero no la había visto antes por allí, así que saqué mi llave anticipadamente del bolso con la idea de no detenerme más de lo indispensable al entrar cuando, al pasar por su lado, escuché:

—Perdona, ¿eres Laura?

Se me erizó la piel ante la sorpresa de que supiera mi nombre y me giré para mirarla. Era muy guapa; tenía una cara de rasgos dulces y los ojos verdes.

—Sí, soy yo. ¿Nos conocemos? —pregunté.

Al escuchar mi respuesta, se levantó del suelo, se sacudió un poco el pantalón y respondió:

—Soy Estefanía.

No sé explicar muy bien cómo, pero, por extraño que parezca, a pesar de mi enorme asombro, era como si una parte de mí supiese lo que iba a decir justo una milésima de segundo antes de que me contestara. No podía creer que estuviese frente a mí; Estefanía, con esas piernas tan esbeltas y esa cara tan linda en mi portal.

—Ah, ¿la amiga de Marcos? —dije sin saber bien cómo reaccionar. Era la primera vez en mi vida que alguien a quien no conocía se plantaba en la puerta de mi casa para hablar conmigo.

—¿La amiga de Marcos? —repitió con una mueca extraña en su rostro—. Sí. Supongo que esa soy yo, la amiga de Marcos. ¿Podemos hablar? —preguntó.

—Sí —contesté rotunda—. Si quieres podemos subir a mi casa —le ofrecí, sabiendo que estaba a punto de escuchar algo que iba a hacerme mucho daño.

Juntas en el ascensor, ambas íbamos en silencio; se notaba que Estefanía estaba igual de nerviosa y tensa que yo. Era muy distinta a como la había imaginado, pues, sin fundamento alguno, pensaba que sería muy alta, pero en realidad era algo más bajita que yo.

—Pasa —dije al abrir la puerta e indicándole el salón.

—Gracias —contestó ella; parecía sorprendida ante lo bien que yo estaba encarando su repentina aparición.

—Siento aparecer así en tu casa, pero no tengo tu número. Me gustaría poder decir que es la primera vez que hago algo así, pero por desgracia no sería cierto —se justificó mientras tomaba asiento en la otra punta del sofá, en el que yo ya me había sentado indicándole que hiciera lo mismo.

—Imagino que tienes algo importante que contarme —contesté, dejándola proseguir.

—¿Qué te ha contado Marcos de mí? —preguntó expectante.

—No mucho; que sois amigos desde hace unos años —respondí, obviando la parte de que ella era alguien emocionalmente inestable, que solo lo buscaba cuando necesitaba ayuda.

—¿Amigos? Sí, sí que somos buenos amigos. Amigos que llevan saliendo juntos más de siete años —dijo, soltando con ello una bomba para la que no estaba preparada—. Dime, Laura, ¿sabes lo que es un narcisista? —preguntó con el tono que uno pone cuando va a contestar él mismo la pregunta que ha planteado—. Es una persona que tiene un trastorno emocional y Marcos lo es. Y yo soy una idiota que lleva siete años con alguien que me es infiel hasta con las piedras, que miente más que habla, que me manipula y que, cuando intento alejarme, enseguida encuentra otra víctima. Nosotros lo dejamos hace menos de un mes. Estábamos viviendo juntos, y me fui un sábado por la mañana, en uno de mis intentos de salir de esta relación tan tóxica que llevamos. Conociéndole como lo conozco, estoy segura de que debiste conocerlo ese mismo sábado y seguramente te habrá hecho creer que eres el gran amor de su vida, y por eso no crees nada de lo que te estoy contando. ¿Es así?

Yo asentí, incapaz de hacer nada más.

—De hecho, si le dices que he venido a contarte esto —prosiguió—, te dirá que es todo mentira, que yo me invento las cosas. Pero puedo enseñarte mi móvil para que veas que no es el caso y que, desde que me fui, ha intentado solucionar las cosas conmigo. Te diré más: dos semanas después de nuestra ruptura, nos vimos y estuvimos un par de días juntos, aunque yo me negué a volver a lo de siempre; además, yo estaba segura de que él ya había conocido a alguien nuevo. Por supuesto me lo ha negado hasta la saciedad, sé de ti por Diego. —Paró un segundo para sacar el teléfono de su bolso y, tras buscar un chat concreto, me lo enseñó—: Mira, puedes comprobar que es su número y puedes leer sus mensajes para que veas que te estoy contando la verdad.

No sabía bien si eso estaba pasando de verdad; me sentía en *shock*. No podía ser cierto, tenía que ser mentira. Marcos me había dicho que era una loca, todo eso debía de ser un acto de inestabilidad. Y, sin embargo, algo dentro de mí se retorcía de dolor por saber que todo lo que acababa de escuchar era verdad. Revisé el chat, que estaba lleno de mensajes de Marcos que no habían obtenido respuesta por parte de Estefanía: «Por favor, cógemelo». «No soporto más estar lejos de ti». «Te extraño en cada instante». «Sabes que me vas a acabar buscando porque no sabes estar sin mí». «¿Podemos vernos?».

Tras avanzar en la charla, vi que ella finalmente contestaba y encontré los mensajes que se remontaban al sábado que él me había dicho que iban a verse. Por los siguientes mensajes me quedó claro que el domingo también habían dormido juntos. Ver cómo Marcos le suplicaba que volviese a casa me causó tal impresión que me sobrecogió una arcada repentina.

—Perdón —dije, devolviéndole su móvil para salir corriendo al baño a vomitar.

Aquello no podía estar pasando; no podía ser verdad. Tenía que haber una explicación para todo ello. Pero ¿cuál? Nada en el mundo podía justificar los mensajes que acababa de leer. Mientras yo vivía en una nube con Marcos —la experiencia más bonita de mi vida—, él estaba intentando recuperar a su novia de verdad.

No pude más y, al regresar al salón, me enfadé con ella, por ser quien había venido a reventar mi burbuja.

—¿Y para qué vienes a contarme esto? ¿Para que me aleje de él y así podáis volver a estar juntos? —¿Y si era eso lo que estaba pasando realmente? ¿Y si Marcos se había enamorado de mí y ya no quería volver con Estefanía?

—Sé que no me creerás, pero vengo porque, aunque sé que es posible que no sirva de nada, ojalá hace siete años alguien me hubiese dicho dónde me estaba metiendo. Pregúntale por Aurora si quieres.

—¿Quién es Aurora? —pregunté sin poder dar crédito a que hubiese alguien más de por medio.

—Es la chica a la que conoció la vez anterior a esta. Trabaja en la farmacia de la calle Mariano Perdiz. Si no me crees, puedes ir a hablar con ella —dijo, levantándose del sofá antes de que yo tuviese que pedírselo.

Mi cabeza era incapaz de pensar al ritmo que lo necesitaban mis emociones. Imagino que eso era lo que se sentía cuando estabas en *shock*, cuando la vida te ponía delante de tus ojos una realidad para la cual no estabas preparada.

Con lágrimas de dolor, rabia y pena, me dirigí a casa de Marcos. Nada más irse Estefanía había querido contactarlo, pero no sabía que decir; necesitaba verlo, tenerlo frente a mí. Una parte de mí confiaba en que todo aquello fuera mentira, en que Marcos tuviera una respuesta para todo ese horror.

Notaba que me faltaba el aire.

—¿Qué haces aquí? ¿Qué ha ocurrido? —fueron sus palabras de asombro tras abrir la puerta y verme descompuesta y sin previo aviso en su casa.

Verlo me hizo estallar en llanto. Me daba cuenta de que ya no lo veía con los mismos ojos; no sabía quién estaba ahí frente a mí.

—Me estás asustando. Por favor, di algo —insistió con gesto angustiado.

—Estefanía —fue todo lo que pude decir, y vi cómo su cara cambiaba al instante—. ¡Estefanía ha estado en mi casa y me lo ha contado todo! —chillé—. ¡¿Cómo has podido hacerme esto?! —grité de nuevo, y una rabia interior me llevó a querer darle un golpe en el brazo.

Marcos paró mi mano y con voz tranquila me dijo:

—Cálmate, Laura, por favor. Vamos a hablar.

Fuimos a su cuarto e intentó tranquilizarme. Marcos me explicó una versión muy diferente de lo ocurrido y me recordó que él ya me había explicado que Estefanía no estaba muy estable, por no querer contarme directamente que estaba loca, dado que le tenía lástima. Me contó que una vez incluso había estado ingresada por intentar quitarse la vida, al haber empezado Marcos a salir con alguien. Al parecer, sí habían tenido una historia años atrás, y desde entonces ella seguía muy enganchada a él, hasta el punto de haber intentado boicotear cualquier relación suya, como había hecho conmigo apenas unas horas antes. Me explicó que los mensajes estaban trucados con un programa de ordenador y que todo eran mentiras e intentos por su parte de estropear lo nuestro; que lo único cierto era que se habían visto porque ella le hacía chantaje emocional cada cierto tiempo y él le había tomado cariño en todos esos años.

—En el fondo es buena niña —concluyó.

Y, aunque algunas explicaciones hacían aguas, le creí; le creí porque era lo que quería hacer con todo el corazón. No podía renunciar a él; no hubiese podido incluso si gran parte de lo que Estefanía me había dicho fuese verdad. Estaba enamorada de él, y él de mí; eso era todo lo que me importaba y no iba a dejar que nada ni nadie nos separase.

Esa noche me quedé a dormir en su casa y tuvimos el encuentro más apasionado que habíamos tenido jamás. Mientras me penetraba, me decía frases al oído que no me había dicho antes:

—Tú eres mía. Siempre serás mía. Nadie te lo hace como yo.

Mensajes que elevaban mi excitación, pero a la vez se metían en lo más profundo de mi cabeza.

* * *

Los días siguientes, me sentía muy extraña. No era pena, sino otra sensación a la que no sabía poner nombre. Algo dentro de mí, en lo más profundo de mi ser, se había roto. Sentía que la ilusión que Marcos me había llevado a vivir —la de creer haber encontrado a mi alma gemela— se sostenía sobre unos palos finos a punto de romperse. Era consciente de que no sabía bien quién era Marcos. Una sombra oscura se había mezclado con esa imagen idílica que tenía de él al comienzo y, a pesar de todo, eso no me alentaba a marcharme, más bien al contrario. Sentía que esa mezcla de luz y sombra me atrapaba aún más, como un mar revuelto cuya resaca te arrastra a las profundidades. Pero en medio de esa marejada emocional, había dejado de sentir la felicidad. Las primeras semanas a su lado habían sido, sin duda alguna, las más felices de mi vida; había sido tan feliz que no podía evitar tomármelo todo bien y sonreír sin parar. Pero toda esa euforia y alegría se habían transformado en angustia, miedo, pena y preocupación. Solo me sentía feliz cuando estaba a su lado; situación que, a diferencia del comienzo, ahora era un privilegio del que podía disfrutar eventualmente. Todas mis acciones eran premiadas o castigadas con poder estar a su lado, recibir su atención o disfrutar de su cariño o incluso de su intimidad. Marcos marcaba el ritmo. En realidad siempre había sido así, solo que al comienzo me lo había entregado todo, y ya no.

No volví a tener noticias de Estefanía y él tampoco la mentaba para nada; pero, en ocasiones, cuando lo veía con el móvil en la mano, se me venían a la mente todos esos mensajes que ella me había mostrado y me preguntaba si estaría escribiéndole a ella. Del mismo modo que, si en algún momento coincidía con Diego en la cocina o en el salón, en ocasiones sentía el impulso de pedirle que me contase la verdad de todo; si Estefanía me había mentido o no. Por otro lado, la que no había desaparecido, sino que cada vez parecía estar más presente, era Noelia. Era como tener una custodia compartida del tiempo libre de Marcos con ella. Varias veces por semana, quedaban o para almorzar o para proyectos del colegio. Como no había vuelto a coincidir con ella, una parte de mí temía que la relación entre ellos se hubiese estrechado aún más, así que yo contaba los días para que terminase su sustitución en el colegio y se marchase nuevamente de nuestras vidas.

Pasaron unas semanas y mis fantasmas se fueron haciendo más grandes. Cuando quedaba con Marcos ya no parecía tan ilusionado conmigo; por el contrario, en ocasiones parecía de lo más distraído y aburrido. Yo, en cambio, vivía absorta en un mundo que solo giraba en torno a él. De hecho, llevaba mucho tiempo sin ver a nadie de mi círculo porque, cuando Marcos no quería quedar, me ponía tan ansiosa de que fuese porque estaba con alguien más o se hubiese hartado de mí, que en ese estado no quería ver a nadie. Y, cuando él quería verme, su compañía me era más grata que la de nadie más.

* * *

«Estoy preocupada por ti. Y deberías llamar a tu madre, que también está inquieta». Por algún motivo extraño, ese día, en vez de encontrar pesados los wasaps de mi prima, aquel mensaje despertó mis ganas de quedar. La llamé por teléfono y, nada más oír su voz, rompí en llanto. Quedamos un rato más tarde para tomar algo al salir del trabajo.

—Pero, Laura, ¿qué te ha pasado? Estás delgadísima. —Su cara de desconcierto me hizo dar cuenta de que las últimas semanas me habían pasado más factura de lo que creía.

Había ido hacia allá con la idea de mentir; tenía pensado decirle a Lucía que entre Marcos y yo todo estaba bien, que me había puesto a llorar al teléfono porque tenía mucho trabajo y estaba muy cansada, pero que yo estaba bien y que simplemente necesitaba pasar un rato agradable hablando de cualquier cosa. Pero al tenerla ahí, frente a mí, fue como si alguien me hubiese lanzado un flotador en medio de la tormenta y, con un impulso instintivo, yo hubiese nadado con fuerza hacia él.

Tras fundirnos en un gran abrazo, nos sentamos a la mesa.

—No estoy bien. Estoy muy mal, Lucía, muy mal. —Con ese arranque de sinceridad empecé a contarle todo lo que estaba viviendo al lado de Marcos. En algunos momentos sentía vergüenza, pero sabía que, si quería una opinión sincera y con fundamento, no podía callarme detalles como la visita con Estefanía, ni la cena con Noelia, ni las cientos de pequeñas mentiras que iba descubriendo a diario sobre él. Muy mal debió de verme Lucía para guardar la compostura como lo hizo ante mi relato. Cuando terminé, y tras hacerme algunas preguntas, dijo algo que no esperaba:

—Tenemos que ir a hablar con Aurora.

—Estás loca, ¿cómo vamos a ir a hablar con esa chica? —respondí, negándome en redondo.

—¿Por qué no? ¿No dice que Estefanía está loca? Pues vamos a hablar con esa otra chica a ver si también está loca o si, como yo creo, él es un caradura. ¿No dices que quieres saber la verdad? Yo voy contigo, no tienes que ir sola. Vayamos ahora a esa farmacia, solo a ver si está. Si una vez allí no quieres decirle nada, nos iremos.

Me convenció. Supongo que porque una parte de mí también había jugado en ocasiones con la idea de pasarme por la farmacia. De hecho, una vez incluso me había detenido a tan solo una calle, pero había tenido miedo de averiguar la verdad y luego no ser capaz de tomar medidas. ¿Para qué saber lo malo que es alguien si vas a decidir quedarte a su lado?

De camino a la farmacia, una parte de mí ansiaba que la tal Aurora no estuviese ahí, mientras que otra confiaba en que así sería. Y así fue.

Allí estaba, detrás del mostrador, atendiendo con una amplia sonrisa y el nombre escrito claramente en su placa identificativa.

—Vámonos —le pedí a Lucía al verla, y me giré hacia la puerta.

—De eso nada. Quédate aquí, yo hablaré con ella —respondió Lucía, teniéndolo bastante más claro que yo, que no era ni capaz de mirar.

Por el gesto de Aurora, resultaba evidente que la situación la había sorprendido. De todos modos, tras hablar unos minutos con Lucía, le pidió a su compañera que la cubriese y salió de detrás del mostrador. Al acercarse hacia donde estaba yo, lo primero que me salió decirle fue:

—Lo siento. —Me sentía tan vulnerable que agradecía ver que ella tenía un rostro agradable. Otra cosa no, pero se veía que Marcos tenía buen gusto a la hora de escoger pareja.

—No te preocupes —contestó con una sonrisa cómplice. Y vi enseguida en su mirada que ella veía con claridad por lo que estaba pasando—. Si os parece, vamos a una cafetería que hay aquí al lado. Será más discreto —añadió.

* * *

—Marcos es lo peor que me ha pasado en la vida —dijo nada más sentarnos en una de las mesas libres—. Llevo más de un año yendo a terapia, y voy a ser totalmente sincera contigo: todavía no lo he superado; y tampoco ayuda que cada cierto tiempo se pase por aquí. Y una cosa es cambiar de teléfono, pero no puedo perder mi trabajo…

A partir de ese momento, Aurora comenzó a narrar lo que para mí fue una auténtica película de terror. A diferencia de Estefanía, yo no le guardaba rabia a esa chica, por lo que su mensaje me llegó aún con más fuerza. Resultaba escalofriante escuchar una historia tan similar a la mía: muchas de las cosas que Marcos me había dicho y me habían llevado a considerar nuestra conexión como única y a sentirme alguien especial ante sus ojos se las había dicho literalmente a Aurora. Ella no podía estar mintiendo. Me explicó lo mismo que me había dicho Estefanía, pero de un modo más técnico, porque me habló del trastorno que tenía Marcos y del motivo por el que yo me estaba sintiendo tan triste, confundida y ansiosa, pero, a pesar de todo, tan enganchada a él.

Esa noche, al llegar a casa, estuve mirando unos canales de Internet que ella me había recomendado, buscando más información. Era increíble ver cómo personas desconocidas narraban exactamente la forma en la que Marcos actuaba conmigo.

En ese mismo momento, como si de algún modo extraño él pudiese percibir el descubrimiento que estaba haciendo, me llegó un mensaje suyo de lo más cariñoso: «Me voy ya a dormir extrañándote. Quiero tu cuerpo cerca del mío. Que descanses. Te quiero». Leí su mensaje como quien lee un libro o ve una película: sin que sus palabras tuvieran la capacidad de calar en mí como antes. Sabía que no eran sinceras, sino calculadas al milímetro.

Ese día había estado muy ausente y, de no haber quedado con Lucía, yo hubiese pasado la tarde subiéndome por las paredes, y este hubiese sido el mensaje subidón que hubiese puesto fin a mi agonía.

No contesté. Tampoco lo hice a su mensaje de buenos días ni al mensaje en el que fingía estar preocupado; no atendí sus llamadas a media mañana. No quería hablar con él, y resultaba paradójico porque, por otra parte, no podía dejar de pensar en lo ocurrido e intentaba dar sentido a lo vivido; buscando las respuestas a muchas preguntas que me inquietaban. Era como si tuviera una herida de aquellas que no puedes dejar de rascar a pesar de que sabes que hay que dejarlas cicatrizar.

Decidí cogerme unos días en el trabajo e ir a visitar a mis padres; necesitaba sentirme respaldada y alejada de todo. Incluso apagué mi teléfono para no sentirme tentada a contactar con él. Mis emociones fluctuaban constantemente y pasaba de llenarme de rabia y odio hacia él, a romper en un llanto desconsolada porque lo extrañaba y solo quería que todo aquello que ahora sabía no fuese verdad.

Había escrito en un papel las cosas que más me dolían; lo llevaba siempre encima y, cuando me sentía tentada a llamarlo o escribirle, releía todas sus horribles mentiras y se me pasaban las ganas. Siempre había sentido que Marcos era demasiado bueno para alguien como yo —demasiado bueno para ser verdad—, pero no imaginé que fuese tan literal; que realmente no fuese verdad.

Al regresar a casa, encendí otra vez mi teléfono. Siendo franca, en gran parte tenía la esperanza de que Marcos me hubiese contactado, pero no esperaba lo que me encontré: cientos de mensajes llenos de las palabras más dulces y también mensajes en los que se mostraba claramente molesto y que iban cargados de una maldad que no conocía en él:

«Laura, ¿qué pasa? Solo quiero saber que estás bien».

«He ido a buscarte al trabajo y me han dicho que ya te habías ido. ¿Qué ocurre? Por favor, llámame».

«Estoy en tu casa y veo que no estás. Por favor, llámame cuando leas esto. Sea lo que sea que esté pasando, lo podemos hablar. Te quiero».

«Si es porque el otro día me fui a tomar algo con Noelia y no te lo dije, era para que no te enfadases. Entre ella y yo no hay nada. Hablamos».

«Te estás comportando como una cría».

«Al final, cuando quieras hablar conmigo, ya no voy a querer yo...».

«Ya han pasado dos días y te echo mucho de menos. Por favor, llámame. Necesito oír tu voz».

«No sé a qué cojones estás jugando, pero ¿de verdad te parece normal irte así sin más, sin una explicación? Eres una niñata de mierda».

«Que sepas que a partir de ahora voy a hacer lo que quiera, porque es obvio que ya no estamos juntos».

«Laura, por favor, dame cinco minutos o una llamada para entender qué pasa. ¿De verdad quieres renunciar a algo tan especial como lo que tenemos? Sea lo que sea, lo podemos hablar. Nunca he sentido por alguien lo que siento por ti. Llámame. Te quiero».

«Laura, llámame».

«No entiendo qué coño te pasa, pero no deberías hacerle a nadie el vacío así. ¿Acaso te da igual hacerme daño? Eres una cría y una egoísta. Siempre pensé que eras un poco inmadura... ¡Si hasta eras una cría para el sexo! Pensé que a mi lado madurarías, pero veo que no».

«Me arrepiento de haberte conocido, eres decepcionante. Me da igual que me hayas dejado, no vales nada. Ni mentalmente, ni físicamente. Tus muslos me dan asco».

«Laura, perdóname, es que estoy enfadado porque te extraño mucho y no entiendo qué está pasando. Me vuelve loco no poder saber de ti. También estoy preocupado por ti».

«Hoy he pasado la noche con Noelia. Está mucho más buena que tú y además folla mucho mejor. Así que ya ni te molestes en llamarme porque seré yo quien no te lo coja, puta».

«¿Por qué? ¿Por qué nos has hecho esto? ¿Cómo has podido estropear una historia tan bonita como la nuestra? Yo te quería más que a nadie en este mundo, y aún te quiero. Lo de Noelia era mentira, yo solo pienso en ti».

«Estás haciendo que lo pase mal».

«Este es el último mensaje que te envío».

Pero no era cierto: los mensajes seguían y seguían, esparcidos en las horas y los días que mi teléfono había estado apagado. Y, a pesar de lo mucho que me dolió leer algunos de ellos, fueron el mejor regalo que Marcos pudo hacerme, porque me enseñó cómo era de verdad y eso me dio el valor de decidir que tenía que pasar página.

Cambié de número de móvil y dejé de frecuentar mis lugares habituales, al menos por un tiempo. A pesar de todo lo ocurrido, solo podía pensar en lo vivido e incluso me sorprendía echándole de menos en la intimidad de mi habitación. Era un monstruo, sí; pero nadie me había hecho disfrutar como él. Luego recordaba que me había llamado «puta» o que había escrito que mis muslos le daban asco —que era sin duda lo peor que alguien me podía decir en cuanto a mi físico— y mis ganas de recordarlo se disipaban.

Poco a poco fueron pasando los meses y Marcos dejó de estar veinticuatro horas en mi cabeza. De todos modos, seguía sin ser capaz de fijarme en nadie porque, en cierta manera, todavía estaba enamorada de él y cualquier otro chico me resultaba insulso.

Entonces, un sábado noche pasó lo que tanto había temido los últimos meses: coincidimos en un bar nocturno. Yo ya estaba ahí cuando él entró; de haber sido a la inversa, habría salido nuevamente por la puerta nada más verlo. En cualquier caso, yo estaba al fondo del local y, al verlo entrar, fue como si se me hubiese aparecido un difunto: mi corazón se aceleró y mis piernas se pusieron a temblar. Al principio no advirtió mi presencia y confié en que podría salir de allí sin que él me viese. Fue tal mi deseo de huida que, sin avisar a mis amigas, que estaban en la cola del baño, decidí salir del local. Pero, de camino hacia la salida, noté que alguien me tocaba el hombro y un escalofrío me recorrió el cuerpo al intuir quién me encontraría al girarme.

—Hola, Laura. ¿Podemos hablar, por favor? —dijo con media sonrisa y esa cara que ponía cuando quería provocar lástima.

Debería haberle dicho que no, pero no pude. Salimos fuera del local, a un callejón tranquilo que había justo al lado.

—Estás muy guapa. Me alegro de verte —comentó, y se notaba que estaba algo nervioso.

—Gracias —contesté casi por inercia.

—Laura, siento mucho cómo terminaron las cosas. La verdad es que nunca supe muy bien por qué terminaron, pero imagino que te llegaron rumores de Noelia. Ella ya no está, se volvió a su ciudad, pero es cierto que hubo alguna tontería entre nosotros. Bueno, solo nos liamos una noche, pero nada más. Sé que debí contártelo, pero me faltó el valor. Fui un cobarde porque no quería perderte, y al final te perdí. Solo quiero que sepas que no te guardo rencor y que siempre te voy a querer, porque nada cambia lo especial que has sido para mí. Y siempre lo vas a ser, Laura.

Si te lo he hecho pasar mal, quiero que sepas que lo siento muchísimo.

Lo escuchaba hablar y hablar, con ese gesto angelical y tan guapo como siempre, y me di cuenta de que era un actor fabuloso. Por suerte, yo ya sabía que todo aquello formaba parte de un guion y, cuando terminó su elaborado discurso, expectante a mi reacción, le contesté:

—No te preocupes, no pasa nada. Tengo que marcharme, Marcos. Cuídate. —Y, sin más dilación, me marché dejándolo patidifuso.

Llevaba meses preparándome para ese día, para controlar mi deseo de entender, sabiendo que solo oiría mentiras; para controlar mi rabia, porque decirle lo que se merecía oír solo le confirmaría que aún estaba lidiando con el daño tan grande que me había hecho; para no dejarme llevar ni un ápice por la compasión ante lo que solo era teatro, una mera función ensayada.

Una no debe perder el tiempo ante un espejismo. Y así fue como le devolví al gran Marcos parte del daño; dándole lo único que un narcisista no puede soportar: nada.

Preguntas para reflexionar

- ¿Conocías la existencia de las personas narcisistas antes de leer este relato?

- ¿Qué señales crees que podrían indicar que alguien tiene tendencias narcisistas?

- ¿Qué características de las personas narcisistas podrían ser las más difíciles de identificar al principio de una relación?

- En el relato has podido ver el ciclo del abuso narcisista. ¿Qué fases de dicho ciclo te parecen más difíciles de identificar en una relación? ¿Cómo podrías evitar caer en una relación con estas características?

- ¿Consideras que una persona que se encuentra atrapada en el ciclo del abuso puede darse cuenta de la manipulación? ¿Qué señales crees que podrían ayudar a identificarlo más rápidamente?

- ¿Por qué crees que muchas personas no logran salir del ciclo abusivo, incluso cuando son conscientes de que están siendo maltratadas emocionalmente?

- A veces, las personas que han vivido una relación abusiva dicen que han aprendido mucho de la experiencia. ¿Crees que es posible encontrar algo positivo o de crecimiento personal en una relación que ha sido tan destructiva? De ser posible, ¿qué se podría aprender?

- El *love bombing* es una técnica de manipulación emocional muy sutil que consiste en inundar a la otra persona con un exceso de cariño, regalos y atenciones. ¿Qué indicios podrían llevarte a pensar que alguien te está «bombardeando» afecto?

- ¿Cómo distinguirías entre una relación sana que nace del amor y una relación que empieza con un *love bombing*?

Algunas conclusiones...

Antes de adentrarnos en el ciclo del abuso narcisista, es importante comprender que lo que más caracteriza a las personas narcisistas es una autopercepción sobredimensionada y una falta de empatía, lo que significa que no pueden ponerse en el lugar de los demás ni comprender las emociones o necesidades de quienes les rodean. Es decir, mientras que las personas con una autoestima equilibrada pueden reconocer y respetar los sentimientos de otros, los narcisistas solo se preocupan por sí mismos y su propia imagen.

En este sentido, el narcisista necesita ser el centro de atención y va a utilizar a los demás para alimentar su ego. No va a crear relaciones respetuosas, sino que actuará siempre por su propio interés.

Ahora bien, para conseguir su objetivo, en las primeras etapas de una relación, las personas narcisistas suelen mostrarse muy atractivas, carismáticas y encantadoras. En esta primera fase del ciclo de abuso narcisista, parece que ofrecen una atención genuina, aunque en realidad solo buscan ganarse la confianza de la víctima para poder manipularla. El uso del *love bombing*, una técnica manipulativa en la que la persona narcisista inunda a su pareja de atención y elogios, es una estrategia común para enganchar emocionalmente a la víctima y hacerla sentir especial.

* * *

Una vez que la víctima se siente completamente admirada y depende emocionalmente del narcisista, comienza la fase de manipulación, en la que el narcisista va alejando a la víctima de sus amigos y familiares, buscando controlar todos los aspectos de su vida, incluida su red de apoyo (con el objetivo de evitar que estas personas puedan influir de alguna manera en la relación).

Una vez la persona ha dejado de lado a sus seres queridos, el narcisista empleará la violencia —ya sea psicológica o física— para destruir por completo la autoestima de la víctima, ya que en ese momento se encuentra indefensa.

Una vez que el narcisista ha conseguido lo que quiere de una víctima —tenerla totalmente dominada—, pasa a otra, buscando nuevas fuentes de admiración que refuercen su ego, en un ciclo constante de admiración, devaluación y descarte.

A pesar de lo evidente que pueda parecernos este ciclo de abuso desde fuera, salir de él no es fácil. Las víctimas suelen quedar atrapadas porque se sienten completamente confundidas y en un incesante torbellino de emociones. Además, a menudo, los narcisistas son expertos en hacer que las víctimas se sientan responsables del abuso y de todo lo que va mal en la relación.

Para romper esta espiral, la víctima debe pasar por un proceso largo de recuperación y sanación. Reconocer las señales de abuso narcisista es el primer paso hacia la libertad, pero el camino hacia la reconstrucción de la autoestima y la confianza en uno mismo puede ser complicado. Sin embargo, una vez que se comprende la dinámica de abuso, es posible sanar y aprender de la experiencia. Las víctimas pueden reconstruir sus vidas, aprender a establecer límites saludables y evitar caer nuevamente en patrones de abuso tras haber identificado las primeras señales de advertencia (*love bombing*, aislamiento, etc.).

RELATO 3:

Nos merecemos algo más

—¿No crees que nos merecemos algo más? —dijo Enric tras chocar las copas de vino y quedarse algo pensativo.

Era cierto que, para tratarse del decimoquinto aniversario, podrían haberse estirado algo más que abrir un vino, cortar un queso y sentarse en la terraza a disfrutar de un rato juntos; pero era martes y cenar tarde no les venía bien a ninguno de los dos, pensó Nora.

—Si quieres podemos ir el sábado a cenar a Patricio's. Además, creo que Jaime se iba a dormir a casa de Mario —propuso ella mirando su atuendo.

Haberse dejado el pijama puesto no le daba romanticismo a la velada. Debería haber aprovechado para estrenar al menos ese pijama tan bonito de cuadros blancos y rosas que había comprado un par de semanas atrás, en rebajas.

—No me refiero a eso —contestó Enric, que seguía con semblante enigmático.

—Entonces, ¿a qué te refieres? —preguntó ella.

—Pues a la vida; a todo en general. ¿Nos imaginabas así hace unos años? Con apenas cuarenta y pocos años, sentados en la terraza, como un par de ancianos —explicó él.

Nora soltó una risita por creer que lo de ancianos era una broma, pero no le duró mucho al ver que él estaba de todo menos de guasa.

—Bueno, supongo que uno no se imagina haciéndose mayor de un modo concreto. Y, aunque te parezca extraño, no creo que hoy martes estén las discotecas repletas de jovenzuelos de cuarenta y algo —expuso Nora sin entender muy bien la tontería que le había entrado a Enric.

La velada no se extendió demasiado. «Por suerte», pensó Nora, porque viendo el ánimo del que estaba Enric, sumado a que tenía que levantarse temprano al día siguiente, no le compensaba para nada trasnochar.

* * *

A pesar de ello, se levantó algo más cansada por la mañana, con algo más de bolsas en los ojos y, cómo no, algo más hinchada por tomar vino y queso tan tarde. En el coche, de camino al colegio para dejar a Jaime, repasaba mentalmente quién iba a verla con ese aspecto.

—Vamos tarde. Podría haber ido yo andando si no te daba tiempo —se quejaba un Jaime algo insoportable tras alcanzar la preadolescencia desde el asiento de atrás.

«Es la viva imagen de su padre de joven, tanto físicamente como de personalidad», pensaba Nora, que aún extrañaba a ese niño pequeño que en su día soñaba con casarse con su madre porque era la más guapa del mundo mundial.

—No te preocupes, que llegamos. Ya tendrás tiempo de ir andando el año que viene cuando entres al instituto.

Al llegar a su trabajo, como no podía ser de otra manera, ya había una urgencia esperándola en la puerta; se trataba del cachorro de *foxterrier* tan mono al que había vacunado unas semanas atrás. Copito, creía recordar Nora, que tenía una memoria excelente para sus pacientes animales, pero nefasta para sus dueños.

—¿Qué le ocurre? —preguntó nada más ver lo decaído que estaba, sin entretenerse en formalismos como dar los buenos días.

—Creo que ha podido comerse algo que no debía —explicó su dueña, que era novata en cuanto a tener perros, cosa que Nora identificaba rápidamente.

—Pasad —dijo tras deslizar la persiana de la clínica y viendo que Marta llegaba temprano también y se podría quedar en el mostrador.

Por desgracia para Copito, la radiografía reflejaba que su dueña estaba en lo cierto: se había tragado una figurita de plástico de un tamaño considerable. Pero, por suerte para él, estaba en las mejores manos.

«No cuentes conmigo para el almuerzo, he tenido que incluir una cirugía de urgencia en la agenda. Compra pollo asado y recoge tú a Jaime. Os quiero», le envió a Enric.

El día fue largo, caótico y extenuante, tanto que Nora ni reparó en que Enric no había contestado su mensaje ni la había contactado en todo el día. Lo que sí tenía era una nota de voz de Jaime, que al parecer había almorzado en casa de Diego y, no satisfecho con ello, planeaba quedarse esa noche a dormir. Según él, la madre de Diego estaba encantada con la idea. Era su forma de coaccionar a Nora para evidenciar que, si se negaba, sería la madre malvada. Jaime sabía de sobra que a ella no le gustaba un pelo que se quedase a dormir fuera entre semana, así que su primer impulso había sido ir a casa de Diego a recogerlo. Sin embargo, se sentía tan cansada que decidió ceder por una vez. Llegar a una casa tranquila y cenar una *pizza* precocinada mientras veía alguna serie resultaba demasiado tentador. Pero, por desgracia para ella, su día estaba lejos de terminar así de bien.

* * *

Al entrar por la puerta, se dio cuenta enseguida de que todas las luces estaban apagadas. En ese instante, recordó que no había tenido noticias de Enric en todo el día. Dios santo, ¿y si le había sucedido algo malo mientras ella vivía ajena a ello? Rápidamente sacó su teléfono del bolsillo para llamarlo, pero no daba señal, lo que hizo que se pusiese aún mucho más nerviosa. Encendió la luz de la cocina para ir a por un vaso de agua, mientras intentaba repetir la llamada, cuando un folio sobre la mesa llamó su atención. Se acercó y vio que se trataba de una carta de Enric.

Hola, Nora:

Sé que esta carta te sorprenderá y probablemente pensarás que soy un cobarde; igual no te falta razón. En este último tiempo he intentado plantearte esto, pero no he encontrado la manera.

Sabes que te quiero muchísimo; tú y Jaime sois mi vida. Pero no soy feliz. Y creo que tú tampoco lo eres. Me siento mayor y apagado en nuestra relación, y creo que aún soy joven como para querer vivir el resto de mi vida así. Lo siento mucho. Voy a irme unos días para que puedas reflexionar sobre esto y volveré para que hablemos. Jaime me ha avisado de que come hoy en casa de Diego.

Un abrazo,
Enric

Mientras Nora leía aquellas palabras, un escalofrío desagradable recorrió todo su cuerpo, como si de una descarga eléctrica se tratase. Aquello no podía ser real, Enric no podía haber escrito esa carta. Tenía que tratarse de una broma pesada.

20:39:
Enric, ¿dónde vas a pasar la noche? Por favor, ven a casa a hablar las cosas, llámame. Jaime no está.

22:14:
Te estoy llamando, pero me sale apagado. Estoy angustiada.

23:47:
¿De verdad piensas dejarme por carta? Después de quince años juntos, ¿tú crees que se hacen las cosas así?

Cerca de las doce, decidió finalmente resignarse en sus intentos de localizarlo. «No es tan grave», intentaba decirse a sí misma para mantener la calma. Seguramente sería la famosa crisis de los cuarenta. En cuanto pudiesen sentarse a hablar tranquilamente, todo se solucionaría. Enric a veces era un tanto impulsivo, y esta vez había llevado las cosas al extremo, pero juntos hallarían una solución. Quizás podrían hacer ese viaje por las islas griegas que llevaban un par de años aplazando o incluso ir a terapia de pareja. Nora era un tanto escéptica en cuanto a lo que psicólogos se refería, aunque estaría dispuesta a acudir a un especialista por salvar su relación.

* * *

El optimismo y el pragmatismo que Nora usaba para todo fueron mermando al ver que los días posteriores tampoco podía hablar con Enric. En el trabajo de él la habían informado, con gran asombro de que ella estuviera al corriente, de que Enric se había tomado unos días libres. Con enorme vergüenza, había intentado disimular diciendo que posiblemente se trataba de una sorpresa de aniversario. Pasar por aquello, no obstante, le había quitado las ganas de llamar a su suegra y vivir un escenario similar. «Igual es lo mejor que puedo hacer, darle unos días para que me extrañe y se le quite la tontería», se decía para controlar la angustia.

—¿Y papá? —fue la pregunta que debía haber planteado Jaime el primer día, pero no la hizo hasta casi el tercero por andar todo el día en su cuarto o inmerso en sus cosas.

—Está en un congreso —contestó Nora relajada y convincente, porque tenía más que preparada la excusa. Había atado hasta el último cabo, el supuesto hotel, acerca de qué versaba el congreso y por qué había tenido que asistir Enric y no otro compañero.

—Ah —fue todo lo que espetó Jaime, haciendo que Nora se sintiese estúpida por haber infravalorado el grado de pasotismo que últimamente tenía su hijo.

—Hoy puedes irte andando —le mencionó, consiguiendo que milagrosamente levantase la vista del teléfono.

—¿Y eso? —incurrió Jaime sorprendido.

—Me han avisado de una urgencia —ahí iba otra mentira.

Nora estaba empezando a cogerle el truco a eso de no decir ni una verdad, pero ¿qué podía hacer si no? Decirle que se había pasado la noche despierta para poder rastrear el teléfono de su padre y poder ir a buscarlo, ya que la había dejado por carta y no atendía sus llamadas, no era una opción.

—Ah, pues que vaya bien —contestó Jaime, y se echó su mochila al hombro para salir por la puerta.

—Gracias, cariño. Te quiero.

—Hasta luego —se despidió con una leve sonrisa, lo cual, viniendo de él, no era poco.

* * *

Intentando seguir el Google Maps en el coche, dudaba de haber hecho el rastreo bien. Se suponía que Enric estaba a más de trescientos kilómetros, en un pueblo de la costa. ¿Y si ahora llegaba allí y había hecho todo el camino en balde? Daba igual, no podía pasar ni un día más sin intentar poner fin a esa situación. Mientras imaginaba qué demonios había llevado a Enric a un pueblo de la playa, con lo poco que a él le gustaba, entró una llamada de la clínica.

—Dime, Marta —respondió, activando el manos libres.

—Nora, perdona que te moleste, pero está aquí la señora Gómez Mattel —explicó Marta mientras de fondo se escuchaba una voz que la corregía: «La mamá de Duquesa».

—¿Le has explicado que hoy no voy a pasar por la clínica? —preguntó Nora, sabiendo de sobra que «la mamá de Duquesa», una señora insufrible y dueña de una siamesa a la que trataba como a un bebé recién nacido, no se resignaría sin más.

—Sí, pero ha insistido mucho, realmente mucho, en que te llame —explicó Marta bajando el tono de voz.

—Voy conduciendo... Bueno, da igual, pásamela —dijo Nora, resignándose a lo inevitable. Era mejor hablar con ella enseguida y no tener que llamarla al llegar.

—Buenos días, ¿qué le ocurre a Duquesa? —preguntó, intentando mantener un tono educado, a pesar de lo invasiva que consideraba esa llamada, por tener más que claro que a Duquesa lo único que le pasaba era que su «mamá» estaba aburrida.

—Pues noto a mi pequeña muy alicaída, y me preocupa que pueda ser algo serio —explicó la mujer con ese tono dramático que siempre ponía al inventar supuestas dolencias o aflicciones.

—Entiendo. Vamos a hacer lo siguiente: que hoy cene salmón, que el omega tres le va a ir muy bien para el ánimo; y vuelva dentro de unos días para que la examine —contestó Nora, que se había acostumbrado a ofrecer recomendaciones absurdas, que no hacían ni bien ni mal, para satisfacer a la dueña de la gata.

—Maravilloso, me alegro de haber podido hablar contigo; ahora mismo iré a comprar el salmón —explicó la señora Gómez, contenta por sentir que había recibido la atención que buscaba.

Tras recorrer unos cincuenta kilómetros más, sin tener claro que fuesen en la dirección adecuada, por haber interferido la llamada con el navegador, un cartel le confirmó que seguía el rumbo adecuado.

Nora no se entendía bien con esos sistemas modernos, ni había tenido nunca la necesidad de hacerlo, dado que en los viajes largos por carretera siempre conducía Enric. Igual que se encargaba de otras muchas cosas, como los impuestos, la matriculación escolar, los seguros, etc. Como él trabajaba en una aseguradora, era normal que se le diese bien el papeleo, por no decir que a Nora se le daba fatal ser organizada. De dejarla Enric, iba a necesitar un gestor. Pero eso no iba a pasar, él no la dejaría, ella lo solucionaría. Tuvo que tomar el primer desvío de la carretera para estacionar un momento el vehículo y tomar aire. Porque una ansiedad espantosa la había sobrecogido ante la sola idea de pensar que se había quedado sola.

¿Qué narices había pasado? ¿Cómo podía pasar de estar sentada un martes por la noche, celebrando su decimoquinto aniversario, a verse un viernes aparcada en medio de vete tú a saber dónde, por intentar hablar con su marido, confiando en un sistema rastreador? Tras llorar con fuerza, con rabia, con impotencia, con miedo y sobre todo con mucha pena hacia ella misma, se sonó los mocos y se replanteó dar media vuelta y volver a casa. Pero entonces cayó en la cuenta de que nadie la estaría esperando. Jaime estaba encantado con ir a casa de Mario, en el trabajo ya no contaban con ella y Enric... pues eso. Se miró en el espejo retrovisor. Se le había rizado el pelo del flequillo, creando un remolino castaño en medio de su frente, y unas gotas de sudor habían parcheado el maquillaje por toda su cara. Intentó volver a difuminarlo mejor con los dedos, pero aun así se sentía espantosa. ¿Desde cuándo tenía tantos mofletes?, se preguntaba al retocarse; eso y por qué nunca había aprendido a pintarse mejor. Se recolocó el jersey para tapar su barriguita, tomó aire y se puso nuevamente al volante con una intención clara: llegar a ese maldito pueblo perdido de la mano de Dios y recuperar a su marido.

* * *

El sistema había localizado a Enric cerca de la costa, por lo que Nora, tras aparcar en una plaza justo al lado del paseo marítimo, comenzó a recorrerlo fijándose expectante en la terraza de cada uno de los bares; aunque fue perdiendo la esperanza de dar con él mientras caminaba. No era un pueblo feo y conservaba el encanto que tenían esos lugares que no parecían haber sufrido la explotación turística, reflexionaba mientras se quitaba el jersey, ante el calor incipiente. Estaba algo cansada del viaje, así que se sentó en una baranda blanca que bordeaba el paseo, orientada hacia la playa para observar el mar.

Había pocas personas en la arena: una pareja de jubilados, más bronceados de lo que cualquier dermatólogo recomendaría; una familia con niños sentados en la arena vestidos con camiseta, y un grupo de surfistas en el agua.

«Escuela de surf Marfil», leyó Nora pintado en el lateral de una especie de quiosco de madera que había en la playa. Los surfistas debían de ser de esa escuela, porque se notaba que era un grupo de principiantes. Y sobre todo quedaba claro quién era la instructora, dado que era la única que aguantaba más de dos segundos de pie sobre la tabla: una chica de cabello rubio y cuerpo escultural, con un precioso bronceado —el cual lucía renunciando a llevar un neopreno a pesar de la época del año en la que estaban—, que guiaba a otros tres hombres, bastante menos ágiles.

Lo que no esperaba Nora era que, tras observar un par de caídas, uno de esos bultos flotantes empezase a serle familiar. Ese pelo cano, a pesar de estar mojado, tenía algo que la impulsó a quitarse los zapatos, meter los pies en la arena y dirigirse hacia el agua. A pocos metros de la orilla, Nora pudo ver con claridad que no se trataba de un espejismo: con esa chica preciosa apoyada sobre su tabla dándole indicaciones, pudo reconocer claramente a un Enric de lo más sonriente; una sonrisa que se desvaneció rápidamente al reconocer la voz de Nora llamándolo.

* * *

Dejando un charco de agua alrededor de la silla del chiringuito más próximo a la playa, por las gotas que le caían del neopreno, Enric apenas tenía el valor de mirar a Nora a los ojos. Con un ligero temblor en la voz le preguntó:

—¿Qué quieres tomar?

—¿Cómo que qué quiero tomar? Lo que quiero es entender qué cojones está pasando, Enric. ¿Cómo puede ser que me dejes por carta, así de la nada, y te encuentre aquí tan campante, haciendo surf? —espetó Nora, que podía sentir cómo se hinchaba la vena de su cuello.

—Cálmate, por favor; nos están mirando —pidió Enric mirando hacia los lados.

—Me importa un mierda —dijo Nora, y rompió en llanto.

Enric tomó su mano y, tras mirarla, por fin dijo:

—Por favor, no llores. Deja que te lo explique.

Con un movimiento brusco, Nora soltó su mano de la de él y, deteniendo el llanto, le interrumpió:

—¿Desde cuándo haces surf, Enric? ¿Y qué haces aquí? —Era consciente de que no estaba dejando hablar a su marido, pero en su estado nervioso no era capaz de frenar el flujo de preguntas en su cabeza.

—¿Te acuerdas cuando tuve que ir a visitar a mi padre por lo de la hernia? —empezó a explicar él mientras Nora asentía en silencio—. Pues bien, no era cierto; no existía ninguna hernia. Estaba agobiado y necesitaba alejarme unos días. Un par de semanas antes un cliente me había hablado de este pueblo, de sus playas, de lo tranquilo que era; y pensé que era el sitio perfecto para desconectar. Así que vine. —Hizo una breve pausa, desviando la mirada al horizonte, como si estuviese recordando aquella ocasión—. Y la verdad es que me sentí bien, Nora. Pude conectar con cómo me siento y reconocer con más claridad que no era feliz.

—Y en medio de ese agobio o pena, ¿no pensaste que igual era una buena idea hablar las cosas conmigo? —planteó ella sin terminar de dar crédito a lo que estaba escuchando. ¿Quién narices estaba sentado frente a ella?, se preguntaba mientras observaba a Enric ataviado con ese neopreno mojado, esa piel morena y ese pelo cano que, tras haberse secado, se daba cuenta de que se había dejado crecer más de lo habitual. Era como si de repente tuviese ante ella una persona distinta, incluso físicamente; hasta sus ojos verde oscuro parecían más claros y aturquesados por la luz de aquel lugar.

—Lo intenté muchas veces, Nora —contestó él.

—¿Cuándo? ¿Cuándo te has sentado tú conmigo y me has dicho que estabas triste o agobiado? ¿Cuándo, Enric? —insistió Nora, que tenía muy claro que eso no había ocurrido.

—Ya te he dicho que lo intenté, pero tú no me tomabas en serio.

En ese momento, una silueta que se había acercado desde la playa interrumpió la conversación:

—Enric, vamos a ir donde Mari, ahí te espero.

Era la chica de la playa; la cual, a poca distancia, resultaba aún más despampanante que desde la orilla. Debía de tener poco más de veinte años y una confianza más que excesiva con su marido, por la familiaridad con la que había interrumpido la conversación, pensó Nora; que creyó intuir cuál era el motivo real por el que ahora Enric había descubierto, a sus cuarenta y cuatro años, su amor por el surf. Sin fuerzas para seguir asimilando ni tolerar nada de lo que estaba pasando, tras mirar cómo se alejaba de ellos aquella muchacha, Nora se levantó de la silla y se alejó corriendo.

Enric salió tras ella, algo más lento debido a su indumentaria, mientras gritaba:

—¡Nora, espera, por favor!

Unos metros más lejos, logró alcanzarla, y la tomó de la mano.

Tras detenerse, Nora se giró y, con la cara roja y los ojos llenos de lágrimas, preguntó:

—¿Era esto a lo que te referías cuando decías que merecíamos algo más? ¿A una cría de veinte años?

—No sé qué impresión te has llevado, pero no es lo que piensas: entre esa chica y yo, no hay nada. Solo es una monitora de surf —explicó Enric, intentando calmarla.

—¿Una monitora de surf? ¿Y se acerca a nuestra mesa y, viendo que estamos teniendo una conversación acalorada, te dice que te espera donde Mari? ¡Y me tengo que creer que no hay nada! —gritó Nora, que volvía a perder la paciencia.

—Bueno, nos conocemos algo más porque un día después de clase quedamos para tomar algo, pero… —intentó justificarse Enric, pero Nora lo interrumpió, negando enérgica con la cabeza y apartándolo con ambas manos.

—No, no quiero saber más, Enric. ¡No digas ni una palabra más!

* * *

Fue todo un milagro que regresara sana y salva a casa, pensó Nora al retirar la llave del contacto del coche. Las tres horas y media de regreso, debido a una retención al cruzar Lindares —otro pueblo costero igual de pequeño, pero cuya Fiesta de la Tapa anual recibía bastante afluencia—, no habían sido un simple trayecto en coche, sino más bien un viaje astral o una especie de catarsis vital. Nora había repasado entre lágrimas la relación de Enric y ella desde el comienzo, desde los momentos más bonitos a aquellos en los cuales ella se hubiese separado de buena gana. Enric estaba lejos de ser el marido perfecto, muy lejos. Era poco detallista y cabezota, nunca había sabido apoyar a Nora en sus momentos de encrucijada y le faltaba sensibilidad y empatía; pero, a pesar de ello, era suyo, era su Enric. Nora no podía soportar la idea de que se lo quedase aquella surfera con cuerpo de sirena. Hacía años que no lo había visto sonreír de esa manera, se decía mientras recordaba el momento en el que lo había avistado en el mar. ¿Estaría enamorado de ella?, se preguntaba. De Nora, desde luego, hacía mucho que no lo estaba, admitía con pena. Enric la quería a su manera, o eso pensaba hasta entonces. En todo el largo trayecto, no había podido quitarse de la cabeza la imagen de Enric llorando a lágrima viva junto a la ventanilla de su coche, mientras repetía sin parar «lo siento». ¿Qué era lo que sentía? ¿Terminar la relación? ¿Estar destruyendo su familia? ¿Hacerle daño? ¿Dejar que se marchase sola? Durante un momento de la discusión, Nora había suplicado que regresasen juntos a casa, a hablar las cosas, pero él se había negado en redondo. Según él, porque no estaba preparado; pero esa excusa de Enric había hecho que Nora afianzase más la idea de que había alguien más en el panorama.

Se sentó en el sofá con la idea de quedarse ahí el resto de la noche; no tenía energía para moverse ni ganas de pisar su dormitorio conyugal. Por otro lado, estaba convencida de que no podría dormir esa noche, porque su mente buscaba incesante la respuesta a una pregunta que no terminaba de saber cuál era. Sin embargo, el cansancio por todo el llanto y las horas de conducción hicieron que se durmiese casi enseguida.

* * *

A la mañana siguiente, Nora hizo algo extremadamente inusual en ella: llamó por teléfono a la madre de Mario, Pepa, para saber cómo estaba Jaime; y, en vez de plantear una excusa rebuscada y plausible por la cual pedirle el favor de dejar a Jaime en su casa hasta el domingo, le contó la verdad. Pepa, una mujer normalmente alegre y cercana, pero con la cual había hablado de poco más que de lo justo —viajes del cole, trabajos de clase o quién podía recoger a los críos de una actividad extraescolar—, escuchaba con gran asombro a una Nora que narraba el calvario por el que estaba pasando. Nora también estaba sorprendida con la cantidad de detalles que estaba dando acerca de la relación con Enric, de su intimidad o no intimidad de un tiempo atrás, acerca del miedo que sentía por verse sola, e incluso de cómo la gravedad aún no había hecho estragos en el culo de esa chica joven que probablemente ahora estaba con él. Era como si, una vez abierta la veda, no pudiese parar y tuviese que compartir con alguien todo lo que llevaba dentro. Igual hubiese sido más procedente llamar a su madre o a su hermana, porque la triste realidad era que Nora no iba sobrada de amigas, pero por algún motivo extraño sintió que Pepa era la persona indicada.

—No sé qué va a ser de mí ahora —reflexionaba Nora.

En ese momento, tras haber escuchado con paciente atención, Pepa habló:

—No puedo ni imaginar por lo que estás pasando. Jaime puede quedarse aquí, no solo hasta el domingo, sino siempre que lo necesites; ya sabes que en esta casa lo queremos mucho. Pero tú no te angusties, Nora, porque eres una mujer maravillosa. Eres una mujer guapa, preparada, que tiene su propia clínica y una madre fantástica que ha sabido cuidar bien de su familia. Y si Enric no sabe valorar todo eso y cree que necesita una chica de veinte que pasa su día en el mar sobre una tabla, que se vaya con ella. Yo creo que le ha dado una insolación con tanto sol y no sabe bien qué está haciendo. De todos modos, si no entra en razón y se da cuenta de su error, estoy totalmente convencida de que tú vas a poder estar bien sin él.

Jamás en su vida una llamada telefónica había reconfortado tanto a Nora. Sacarse todo de dentro y escuchar aquellas palabras de Pepa había calentado su corazón. Para ella abrirse a los demás había supuesto un desafío toda su vida. No es que Nora no anhelase recibir el apoyo de los demás o que no le importase la opinión del resto; era solo que muchas veces le costaba expresar sus emociones y sentía una vergüenza espantosa con la idea de no hacerse entender. Toda su vida había lidiado con el reproche de ser demasiado introvertida por parte de sus más allegados. De hecho, justo eso había sido una de las cosas que más cómoda la habían hecho sentir desde el comienzo al lado de Enric: que él no le exigiese esa apertura emocional. Enric preguntaba lo justo y era aún más parco en palabras si del terreno sentimental se trataba, probablemente porque no se desenvolvía bien ni con sus propias emociones; circunstancia que, reflexionando sobre ello en esos momentos, probablemente no era tan beneficiosa como ella la había percibido por poder ampararse en sus propias reservas.

Tendría razón Pepa con lo de la insolación. Sería esta la manera de lidiar Enric con todas esas emociones reprimidas durante tantos años de expresar menos que una piedra. Sin duda, a Nora le gustaba más esa versión que la de pensar que simplemente Enric había conocido a una chica más joven y atractiva que ella y, al haber tenido la inmensa suerte de ser correspondido por esta, se había enamorado perdidamente y se había dado la oportunidad de vivir una segunda juventud, dejando a un lado la soporífera vida que compartía con Nora.

Sin saber bien qué hacer con su tiempo ante su nueva situación, Nora decidió pasarse por la clínica a encargarse del inventario. Le encantaba estar allí cuando no había nadie más; el silencio siempre conseguía que tuviese la impresión de estar en un lugar muy distinto al habitual. Además, aunque normalmente detestaba hacer inventario, en esos momentos era el tipo de distracción perfecto para su mente. Era increíble lo sofisticada que se había vuelto la alimentación para mascotas en los últimos años, pensaba al contar unas latas de salmón con trufa para gatos. De repente tocaron al timbre. Nora se acercó al monitor de la cámara de vigilancia del porterillo y vio que se trataba de un hombre. Normalmente hubiese proseguido con el inventario sin más; la persiana estaba echada, nadie podía saber que ella se encontraba dentro, por no decir que la clínica no atendía emergencias, aunque Nora tenía en la puerta la información y el teléfono de la clínica más cercana que sí las atendía para quien necesitase esa información. Pero estaba visto que Nora se había levantado espontánea e impulsiva, así que se dirigió a la entrada a atender a aquel desconocido. A medida que se iba acercando, vio que se trataba de un hombre joven, de pelo castaño, bastante alto y delgado, que llevaba un perro en brazos.

—Hola, estamos cerrados. ¿Qué le ocurre? —preguntó Nora mirando aquella bolita de pelo blanco y negro, que parecía estar bien.

—Perdón. No me había dado cuenta de que estaba la persiana echada hasta que he tocado. Me he encontrado a esta perrita y era para ver si podían mirar su chip. Parece haberse escapado.

Tras dejarlos pasar y darle un cuenco con agua al animal, que parecía estar de lo más sediento, Nora intentó localizar sin éxito el chip.

—Es raro que teniendo collar no me lo detecte, porque además no se ve malnutrida —dijo, revisando con cuidado que no tuviese ninguna herida.

—¿Y qué se hace en estos casos? ¿Os la quedáis aquí? —preguntó con gesto de preocupación el tipo, al que Nora consideró realmente atractivo después de observarlo mejor: tenía las pestañas más largas y curvas que había visto jamás en un hombre, unos hombros anchos y robustos, que le daban un porte señorial, y a pesar de ello un aspecto bastante juvenil.

Salió rápida de su ensimismamiento, al toparse con la mirada de él por no haber recibido aún respuesta a su duda.

—No, aquí no puede quedarse; la clínica permanece cerrada los fines de semana, y además no acogemos a perros. Sí trabajamos con algunas familias de acogida. Puedes llevarla a la perrera o quedártela hasta que contacte a las familias por si alguna pudiese tenerla en adopción provisional. —«O adoptarla tú», fue la tercera opción que cruzó la mente de Nora, pero no tuvo el valor de plantearla.

—Entiendo, ¿y cuándo se sabría lo de las familias? —incurrió él con gesto dubitativo.

—Pues no te puedo decir un tiempo exacto. Máximo un par de días —respondió Nora, que sabía de sobra que localizar a personas un sábado no era sencillo.

—Vale. Te doy mi número y a ver qué pasa.

Deslizando la persiana algo más lentamente de lo habitual para observar cómo el hombre —que ahora sabía que se llamaba Lucas— se dirigía hacia su coche, Nora cayó en la cuenta de que antes de ponerse a llamar a familias de acogida debería llamar a su hijo para ver cómo estaba. No tenía nada claro cuándo debía contarle lo de su padre, ni cómo de definitiva o temporal plantear la situación. A fin de cuentas, para Nora era su pareja, pero para Jaime era su familia, en una edad de lo más complicada y frágil de por sí.

El mero hecho de pensar en planteárselo a Jaime hizo que se sobrecogiera nuevamente ante la idea de que lo que estaba viviendo era real.

Al volver a casa no estaría Enric —aunque fuese desganado, viendo la televisión y mostrando poco interés por saber del inventario de Nora— esperándola; no habría nadie al que quejarse de lo desorganizadas que estaban las cosas en el almacén, por mucho que ella marcase unas directrices concretas; nadie con el que decidir si cocinar o pedir comida de fuera; nadie con el que no sentirse sola. Nora rompió en un llanto de los que te cortan el aire, de esos que antes de aliviarte te aprietan con fuerza de la garganta al estómago, cuando escuchó nuevamente el timbre de la clínica y, por un instante, pensó que podría ser Enric. ¿Y si había regresado y al no verla en casa había decidido buscarla en la clínica? Con urgencia de comprobar si su hipótesis podía ser cierta, corrió con la cara roja como un tomate, la respiración entrecortada y las mejillas bañadas en lágrimas a abrir la persiana para toparse de bruces con la cara de circunstancias de Lucas tras verla así.

—¿Te encuentras bien? —preguntó él con tono cohibido, reflejo de lo incómodo que se estaba sintiendo ante la situación—. He vuelto porque he caído en la cuenta de que no tengo nada para perros en mi casa; ni comida, ni cuenco, ni...

—Estoy bien —lo interrumpió Nora por no poder soportar más percibir su grado de incomodidad—. Es solo que estaba moviendo unas cajas pesadas y me he sofocado —se excusó mientras se limpiaba las lágrimas de la cara, y pensaba para sus adentros: «las típicas cajas que te hacen llorar a mares»—. Te daré lo que necesitas para estos días.

—Lo pienso pagar, por supuesto. Que en realidad podría haber ido a una tienda, pero ya que estaba aquí... —explicó Lucas. Se notaba que no podría estar más arrepentido de no haber ido al bazar al lado de su casa, en vez de regresar y sentir que había irrumpido un velorio.

—Toma —dijo Nora, entregándole una bolsa con un par de cuencos y pienso—. No me debes nada, de verdad —añadió deseando que saliese de la clínica lo antes posible.

—Gracias —contestó él, y se dispuso a marcharse. Pero, justo antes de salir por el marco de la puerta, se giró y dijo—: Cuidado con las cajas.

Nora no llegó a descifrar si lo decía en serio o era una ironía.

Se fue directa a por su teléfono y llamó a Enric. No tenía claro qué quería decirle; solo sabía que sentía una necesidad imperiosa de escucharlo. Pero Enric no atendió la llamada, lo que hizo que se llenase de una rabia inmensa e hiciera nuevamente algo muy impropio de Nora: enviarle una nota de voz; una en la que le dejaba saber cómo se sentía, qué le parecía su actitud y hasta se acordaba de su santa madre; una en la que le salieron más improperios por la boca de los que había soltado en los últimos dos años. Tras enviarla, volvió a sentir que el aire entraba en sus pulmones, como premiando su valentía para alzar la voz por sus sentimientos. Y aprovechó esa tregua para realizar el temido regreso a su casa.

* * *

No fue hasta la mañana del domingo que Nora tocó fondo de verdad. Despertó con la sensación de que alguien hubiese llenado su mente de pensamientos negativos durante la noche: desde creer que Jaime la culparía a ella de la ruptura, hasta imaginárselo viviendo con Enric y su nueva novia, pasando por creer que, hasta cierto punto, era cierto que ella no había sabido cuidar su matrimonio; siempre ataviada en casa con sus pijamas viejos, aplazando el perder esos kilos acumulados durante la última década para más adelante... No podía ni imaginar la comparativa que debía hacer Enric del cuerpo de ella frente al de aquella joven, tersa y tonificada. Sentía que no tenía nada que hacer. Nada, más allá que aceptar que moriría sola, que viviría sola porque nadie volvería a fijarse en ella y que Enric no tenía motivos para volver. Él mismo se lo había confesado: no se sentía pleno ni feliz. En cambio, aquel día, en el mar, incluso a pesar de la distancia, Nora había sabido reconocer que allí sí lo era. Había sabido ver al Enric que había conocido tantos años atrás, y por eso sabía que no tenía nada que hacer. Sin ganas de desayunar nada, se puso a limpiar y ordenar un poco la casa para cuando regresase Jaime. Había decidido que no le diría aún nada de la separación; no se veía con fuerzas de poder abordar el tema sin llorar, ni mucho menos enfrentarse a las preguntas que su hijo pudiese plantearle.

* * *

—¿Mamá, estás bien?

Nora levantó la vista de su plato, sorprendida al escuchar la pregunta de Jaime. Pero su sorpresa fue aún mayor al toparse con la mirada de ternura y preocupación que hacía muchos años que no aparecía en la cara de su hijo, el cual por un instante parecía otra vez su niño.

—Claro, cariño —contestó tal y como se esperaba de una buena madre.

—He hablado con papá. Me ha llamado a mediodía y me ha dicho que os vais a dar un tiempo. Bueno, realmente me ha dicho que sea bueno contigo porque él necesita un tiempo.

Nora lo escuchaba con una mezcla de emociones bullendo dentro de ella. Por un lado, alivio de que Jaime estuviese al corriente; por otro, enfado por cómo Enric había hecho algo muy típico en él, que ella detestaba: decidir unilateralmente y actuar. Por último, también le arrojaba una esperanza vaga el hecho de que Enric le hubiese pedido a Jaime ser considerado con Nora.

—Es cierto. Siento que te hayas enterado así, pero no quiero que te preocupes; pase lo que pase, tu padre y yo vamos a estar para ti.

Nora empezó a recitar las frases que había ensayado para cuando llegase el momento de la charla, cuando Jaime la interrumpió levantándose de la mesa para rodearla y acercarse a darle un beso en la frente:

—Tranquila, mamá. Pase lo que pase, me tienes a mí.

Es probable que Jaime nunca en la vida llegase a entender lo que suponía aquel gesto para Nora: fue como si en medio de una tempestad de la que no sabía salir nadando alguien le tendiera una mano. Había subestimado el corazón de su hijo, se decía con cierta culpa. Estaba tan preparada para verlo enojado con ella que en ningún escenario mental había barajado la idea de recibir su empatía y apoyo. Ese inesperado cariño le hacía ver con claridad que él y Pepa estaban en lo cierto: ella era mucho más que el bulto abominable y de ninguna manera amable que se había sentido esos días; era una mujer de cuarenta y tres años que había montado su propio negocio mientras criaba a un hijo tan bien que este tenía una inteligencia emocional asombrosa para su edad. Ella no había cometido ningún delito por no tener ya veinte años y no pensaba permitir que Enric ni nadie la hicieran sentir como se había sentido últimamente. Nora no iba a hundirse; iba a nadar con fuerza, por su futuro, por Jaime y sobre todo por ella.

* * *

Con esos nuevos ánimos, al despertar el lunes, Nora pasó de dejar-se caer cada vez más profundamente a luchar. Desde su mente analítica y observadora, se percató pronto de que mantenerse en una línea emocional estable era absolutamente imposible, así que decidió que lo más práctico era no intentar resistirse a la montaña rusa en la que se encontraba. Por el contrario, estaba dispuesta a fluir con la subidas y bajadas. Cuando le sobrecogían las ganas de llorar, si era en un lugar improcedente como el trabajo, se discul-paba para ir al baño, llorar unos minutos y volver al lío. Se había dado cuenta de que, si no hacía por reprimir el llanto y se entrega-ba a él sin reservas, la ansiedad y pena intensa (o bajada profunda, como le gustaba verlo en su esquema mental) duraban veinte mi-nutos como mucho; luego su ánimo volvía a ser más estable. Por desgracia, los momentos de subida tenían una duración similar y Nora solía aprovecharlos para comer, porque solo en esos instan-tes se le abría un poco el apetito; por ello se había acostumbrado a llevar barritas de cereales y un túper con frutas. Siempre había sido una alumna aventajada y su ruptura con Enric no iba a ser la excepción.

Empezó a incorporar poco a poco cada vez más actividades que la hacían sentir bien. Buscaba información en vídeos de Internet e iba probando. Había descubierto que correr le gustaba, mientras que el yoga y la meditación tan altamente recomendados por todo el mundo no le convencían; o al menos no en estos momentos, por-que su mente se iba hacia derroteros que no le convenían. Nora quería llenar su tiempo con actividades que ocupasen sus pensa-mientos —para huir de todo lo referente a Enric aunque fuera unos instantes— y elevasen su ánimo. Ya no jugaba con la idea de con-tactar a su marido ni se dedicaba a torturarse imaginándolo feliz al lado de esa desconocida. Había optado por intentar agarrarse a recuerdos mucho más reales a la hora de representar su relación y había llegado a la conclusión de que, dejando a un lado el miedo a verse sola, Enric apenas le prestaba atención. Nora había elaborado, casi sin proponérselo, un compendio mental de todos aquellos momentos en los que había echado en falta a Enric y de los recuerdos de él que le resultaban desagradables; incluso de cosas banales y un tanto infantiles como el olor insoportable de sus pedos cuando había comido picante o esa extraña manía de hurgarse la nariz mientras leía el móvil, para después olerse los dedos. Estaba convencida de que esa clase de cosas aún le eran ajenas a su nueva conquista. Eso y que el Enric real del día a día tenía un carácter más bien avinagrado y totalmente carente de iniciativa a la hora de proponer algún plan. Nora recordaba con enfado cómo el planteamiento de Enric daba a entender que era ella la responsable de la vida —según él, de octogenarios— que llevaban; cuando, en realidad, Enric era incapaz de prestarse a probar cualquier plan que saliese mínimamente de aquello que conocía. Y esto se aplicaba a todo, desde poder ir a tomar algo con personas nuevas hasta algo tan simple como poder probar un restaurante que no fuese el condenado Patricio's.

Todo iba avanzando en una línea ascendente; con sus subidas y bajadas, pero ascendente a fin de cuentas, pensaba Nora mientras observaba una radiografía. En ese momento, el teléfono interno de la clínica sonó y, tras pulsar el manos libres creyendo que debía de tratarse de alguna urgencia, Marta anunció algo que sin duda no esperaba:

—Nora, tienes visita. Es Enric.

¿Por qué carajo no podía hacer las cosas como las personas normales? ¿Acaso no sabía que existía el teléfono? ¿Tenía que irrumpir en su frágil y recién adquirida estabilidad? Nora odiaba reconocer los nervios que se habían disparado en ella ante el anuncio de la visita. Tras arreglarse un poco el pelo y echarse bálsamo labial en el espejito frente al minúsculo lavamanos; sin querer tardar demasiado, para que nadie pudiese sospechar que se estaba acicalando, salió al mostrador de la entrada.

—¡Guau, Nora! ¡Qué bien te veo! —exclamó Enric con una alegría insultante al verla llegar, teniendo en cuenta la tesitura en la que se encontraban.

—Hola, Enric. ¿Qué haces aquí? —contestó Nora bastante más seria, dado que no estaba saludando a un viejo amigo, sino a su todavía marido, al cual no veía desde hacía semanas.

Había que reconocer que la reacción de él no era del todo injustificada: Nora había perdido cerca de siete kilos durante esas semanas de nerviosismo e inapetencia, lo cual suponía un cambio notable en su imagen. Especialmente en su cara, que estaba mucho más angulosa, y en sus muslos, que ya no se rozaban al andar. Aun así, la apreciación resultaba totalmente inapropiada viniendo del causante del dolor que la había conducido al cambio.

—Vengo de visitar a un cliente de por aquí y he pensado que sería buena idea pasarme a charlar si tienes un momento para un café. Intento ser más espontáneo —respondió Enric con un tono algo más formal, acorde al gesto de Nora.

—La próxima vez que quieras ser espontáneo, prueba usar el teléfono.

Nora no era la única que estaba cambiada; le fastidiaba apreciar que Enric parecía estar más guapo que nunca. Tenía un aura juvenil y alegre a la par que elegante que, sumada al hecho de no saber a qué había venido él, la tenía de lo más nerviosa. Menos mal que era la hora punta de desayunos en la cafetería de al lado de la clínica, porque Nora sentía que, en el bullicio que los rodeaba, sus movimientos tensos pasaban desapercibidos. Tras remover el azúcar en el café, Enric miró fijamente a Nora y le preguntó:

—¿Cómo estás?

—Bien. —Sabía que la respuesta resultaba, más allá de poco sincera, escueta. Porque no había sido un «cómo estás» al uso, sino uno de «de verdad quiero saber cómo te encuentras».

—Me alegro. He estado algo preocupado este tiempo por ti —respondió Enric, consiguiendo bajar un poco la guardia de Nora y confundiéndola aún más con sus intenciones al ir a verla. ¿Y si no había llamado porque prefería verla, para proponerle así un acercamiento?

—¿Y tú cómo estás? —preguntó ella.

—Bien también. A ver, adaptándome al cambio. Imagino que no es fácil para ninguno —contestó Enric, que no terminaba de dejar claro el motivo de su aparición.

—No, no lo es, la verdad —admitió Nora, dándole la razón y esperando ver qué camino tomaba la charla.

—Quería hablar contigo de Jaime, de cómo le ves —explicó Enric, reclinándose hacia atrás para tomar una postura más erguida.

—Pues imagino que le debe de afectar a su manera, pero está demostrando mucha madurez. Tenemos un hijo estupendo, se ve que algo hemos hecho bien —contestó Nora, no pudiendo reprimir una mueca de media sonrisa por el comentario final.

—Sí, es verdad que lo tenemos. Muy maduro para su edad. Es por ello por lo que estoy jugando con la idea de presentarle a Miriam —comentó Enric, dejando ver por fin sus auténticas intenciones; las cuales distaban mucho de las esperanzas que tenía Nora de que hubiese recapacitado en cuanto a la separación.

—¿Miriam? —resultaba físicamente doloroso para Nora poner nombre a la figura de quien sospechaba que era motivo de la ruptura, aunque en parte había querido creer que no.

—Sí, bueno, la conociste el día de la playa —contestó Enric.

—Bueno, yo no diría conocer. No es que me la presentaras... Más que conocerla, la vi, sí. Pero no tenía ni puta idea de que se llamase Miriam ni de que tuvieseis una relación como para tener que conocer a mi hijo; más que nada porque tú me negaste que hubiese nada entre vosotros —aclaró Nora con un tono tembloroso por la agitación que estaba sintiendo.

—No quiero discutir, Nora. No he venido a eso —respondió Enric, evitando entrar a dar las explicaciones que ella esperaba tras su planteamiento.

—Ah, ¿no quieres discutir? ¿No quieres o no te conviene? ¿Y a qué coño has venido, Enric? —soltó Nora, alzando la voz por no poder reprimir su rabia ante lo injusto de la situación.

—He venido a hablar de Jaime y a ver cómo estabas, pero creo que es mejor que hablemos en otro momento que estes más calmada —contestó él mientras sacaba dinero de su cartera para pagar y marcharse.

—Pues mira, no hace ninguna falta. Para empezar, no quiero verte más. Así que, si quieres hablar de Jaime, me llamas al móvil; pero no vengas a mi clínica. Y, para seguir, tu idea de presentarle a nuestro hijo, tan solo unas semanas de nuestra separación, a una chica que, por edad, está más cerca de ser amiga suya que tuya, me parece una mierda. —Tras decir eso, Nora se levantó rauda, porque quería ser ella quien se retirase en primer lugar.

De camino hacia la clínica, Nora sentía cómo le temblaban las piernas y le faltaba el aire. Se dirigió hacia su coche a llorar, sabiendo que este no sería un llanto como aquellos con los que ya había aprendido a lidiar; no duraría veinte minutos y no podría proseguir con su vida.

Sus peores temores se habían hecho realidad en un solo instante: Enric no iba a volver, sino que estaba realmente con esa chica joven y hermosa; y no solo eso, sino que iban lo suficientemente en serio como para querer presentarle a Jaime. Auténticos aullidos de dolor salían por su boca mientras procesaba lo que acababa de pasar.

* * *

Los siguientes días fueron muy duros para Nora. Los nuevos hallazgos abrieron todo un abanico mental de preguntas sin respuesta: ¿cuánto tiempo llevaría Enric con esta chica? ¿Habría sido Nora una de esas mujeres casadas cuyo marido tiene una amante y no se percatan? Repasaba los últimos encuentros íntimos con Enric e intentaba pensar incesantemente quién había tomado la iniciativa. Se sentía estúpida por haberse agarrado a la esperanza de volver con su marido después de haber roto su confianza así; y aún más porque una parte de ella aún seguía dispuesta a regresar a pesar de todo. Había redactado un correo electrónico en su portátil en el que le explicaba a Enric lo mal que había actuado con ella, y en el que le planteaba todas esas dudas que no le daban paz, pero cada vez que iba a enviarlo se detenía en seco ante la idea de lo poco que este correo le importaría; e incluso se imaginaba a Miriam y Enric en la cama mofándose de ella.

—¿Sí? —atendió Pepa tras varios tonos; lo que le había dado tiempo a Nora de pensar que era mejor colgar porque aquello no era una buena idea.

—Hola, Pepa, soy Nora —contestó.

—Ay, hola, cariño. No había visto quién eras porque estoy en la calle y con el sol no veo la pantalla. ¿Cómo estás? —respondió Pepa con ese tono enérgico y jovial tan característico.

—Bien. ¿Recuerdas que me ofreciste que si en algún momento quería dejar a Jaime con vosotros no habría problema? —explicó con muchísima vergüenza.

—¡Claro! Nosotros encantados, corazón. En especial yo; que así Mario está a lo suyo y me deja tranquila. Puede quedarse el tiempo que haga falta. —Pepa se ofreció tan amable como Nora imaginaba.

—Muchas gracias, solo serán un par de días —añadió Nora, dejando claro que no era su intención aprovecharse de la generosidad de ella.

—No hay ningún problema, de verdad. Pero ¿y tú? ¿Cómo te encuentras? Yo acabo de salir de entrenar; si estás libre, podemos ir a tomar algo. ¿Te apetece? —propuso Pepa.

—Vale.

Sorprendida ante su propia respuesta, de camino en el coche hacia el sitio en el que habían quedado, Nora se cuestionaba qué tenía Pepa que en esos momentos la arrastraba como un imán. ¿Sería esa energía maternal que Nora extrañaba más que nunca? La madre de Nora no era especialmente cariñosa; su manera de demostrar cariño pasaba por algún cumplido o regalo eventual, pero nunca por un abrazo o estar pendiente de su bienestar. Nora no había sido consciente de lo poco afectuosa que era su madre, hasta haberse convertido en madre ella misma. La preocupación ante el bienestar de Jaime vivía como una constante dentro de ella, igual que su necesidad de dejarle saber siempre lo mucho que lo quería. No comprendía cómo, en ocasiones, su madre y ella habían estado hasta semanas sin hablar. Por su carácter algo más introvertido, Nora se había sentido responsable de no entablar un vínculo más afectuoso, pero desde que era madre comprendía que esa responsabilidad no podía recaer sobre una niña. Desde que Jaime había cumplido los once, Nora y él habían experimentado un claro distanciamiento fruto de la edad, pero no por ello ella había dejado de ser tan afectuosa como siempre...

—¡Ay, por favor, qué tipo tan despampanante! ¡Pareces un ángel de Victoria's Secret! ¿Te parece si nos sentamos fuera, que hace bueno? —fue el recibimiento que Pepa le dio a Nora, logrando que se sintiese mejor con ella desde el primer instante.

Tras llamar al camarero, el cual las atendió con la máxima simpatía —como no podía ser de otra manera, ya que se trataba de un lugar visitado asiduamente por Pepa—, esta convenció a Nora de sustituir su elección de poleo menta por una caña y una tapa de ensaladilla rusa.

—Hay que comer, cariño; que sin gasolina el cuerpo no tira.

Como Pepa estaba al corriente de la separación, Nora solo tuvo que actualizar los últimos detalles. Pepa escuchaba atenta, sin mostrar demasiada sorpresa ante la confirmación de la nueva relación de Enric.

—¡Qué desastre! Estos hombres y la crisis de los cuarenta, que les da a todos por pensar con el pito... Yo rezo por que a mi Alfonso no le pase. Y mira que, siendo como es, si alguna se lo lleva, me lo devuelve fijo —bromeó Pepa para quitarle algo de hierro al asunto. Pero después, con un tono algo más calmado pero contundente, prosiguió—: No eres la primera ni la última a la que le ocurre eso. Tengo dos amigas que se separaron el año pasado, y tendrías que ver lo bien que están ahora. Se supera, créeme que sí. Pero tienes que entender que ahora tu vida va a cambiar, y no intentar quedarte como estabas. Porque, si te quedas metida en tu casa comiéndote la cabeza, te vas a marchitar como una planta a la que no le da el sol. No puedes vivir ahora solo de casa al trabajo y del trabajo a casa; de obligaciones a penas y de penas a obligaciones. Te tienes que proponer hacer vida, Nora. Porque hay mucha vida; muchas opciones de ocio para las mujeres de nuestra edad. Y sé que es probable que no tengas ganas, pero esta vida es demasiado corta para poder darnos el lujo de rendirnos. Sé que tienes mucho trabajo, pero la clínica es tuya; así que para empezar deberías sacar un poco de tiempo para venirte a entrenar conmigo y mis amigas. Son un grupo muy animado, todas de nuestra edad y muchas de ellas divorciadas. Hacemos muchos planes, no solo torturarnos con deporte. Vamos a conciertos, salimos a comer, a eventos... Yo no salía tanto ni a mis veinte.

* * *

Y así fue cómo, por animarse a tomarse aquel café con Pepa, la vida de Nora dio un giro de ciento ochenta grados; o al menos esa fue la sensación que tuvo al contemplarse seis semanas después de ese encuentro en el espejo del baño. Físicamente estaba difícil de reconocer. En primer lugar, gracias al estilista de confianza de Gisela —una de las amigas del grupo de Pepa, que ahora también era el de Nora—, tenía un corte de pelo nuevo, mucho más atrevido que cualquiera que ella hubiese llevado jamás. Tras una vida intentando ocultar sus rizos, ahora los lucía en una despampanante melena corta con mechas avellana y doradas; las cuales, en teoría, pronunciaban el color miel de sus ojos y dulcificaban sus rasgos. También se había rellenado las ojeras y animado al perfilado de labios, y tenía una figura que no recordaba tan esbelta desde sus veinte. Pero sin duda los cambios más significativos no eran los reflejados en aquel espejo: Nora sentía que, en plena caída al vacío, había optado por abrir el paracaídas y dejarse llevar por la corriente. Así era como se había sentido accediendo a todos los planes sociales que habían ido surgiendo, dejando a un lado sus reservas habituales ante la idea de tener que esforzarse por hablar con desconocidos. En su búsqueda de evitar a toda costa la aterradora soledad, descubrió algo nuevo para ella: el apoyo que te brinda un grupo de mujeres. En algunas reuniones, Nora había reído más de lo que lo había hecho al lado de Enric en los últimos años y, poco a poco, se había dado cuenta de lo apagada y aburrida que había sido su vida de no ser por su trabajo; hasta el punto de poder incluso entender un poco a Enric, aunque sin llegar a perdonarlo, dado que ella nunca hubiese dado el paso de engañarlo, ni dejarlo tirado a esas alturas del partido.

—Mamá, estás muy guapa —la piropeó Jaime al llegar a la cocina, añadiendo así la guinda al pastel de la que estaba resultando la mejor mañana para ella en mucho tiempo.

—Gracias, cariño. ¿No irás a pedirme algo? —preguntó Nora, feliz pero también escéptica ante el cumplido.

—No se te puede decir nada —se quejó Jaime, echándose al hombro la mochila para salir de casa.

* * *

—Qué guapa, Nora —la recibió también Marta al llegar a la clínica—. Hoy tienes paciente nueva.

Cuando su nueva paciente entró por la puerta, Nora se sorprendió bastante al ver al dueño: se trataba de aquel tipo apuesto que, un par de meses atrás, había aparecido en la clínica con una perrita que se había encontrado para ver si tenía chip y con el que —ahora caía en la cuenta— había quedado en contactar para facilitarle una familia adoptiva, pero nunca lo había hecho por andar inmersa en su drama familiar.

—¿Qué le sucede? —preguntó Nora sin desviar la mirada de la camilla porque se sentía algo nerviosa ante su olvido y el atractivo de él.

—Creo que le molestan los oídos, sobre todo el izquierdo, porque se rasca mucho —contestó el hombre, cuyo nombre no lograba recordar.

—Vamos a mirar —dijo Nora y, tras revisar con una luz ambos oídos, concluyó— : No es grave, no va a necesitar antibiótico.

Lo que pasa es que, al tener las orejas caídas, no airean igual y necesita que se las limpies más a menudo. ¿Sabes cómo hacerlo?

—No. Hace poco que la tengo y es la primera vez que tengo perro. Me la encontré perdida cerca de mi casa. De hecho, vine aquí para ver si tenía chip y tu compañera quedó en llamarme cuando surgiera una casa de acogida, pero al final, en la espera, me encariñé con ella... —explicó Lucas, cuyo nombre recordó Nora mientras lo escuchaba; se llamaba igual que el *border collie* de los Campbell, una familia escocesa muy simpática que llevaba años yendo a la clínica.

—Sí, lo lamento. No pude encontrar ninguna familia disponible. Me alegra que decidieras quedártela —se disculpó Nora, que seguía sin levantar la mirada mientras notaba cómo sus mejillas se iban acalorando ante lo embarazoso de la situación.

—Espera, ¿eres tú la mujer de las cajas? —preguntó Lucas con tono incrédulo.

—Nora. Sí, era yo —contestó ella, mientras masajeaba la oreja de su paciente, tras haberle echado unas gotas.

—Perdón, Nora. No quería ser grosero con lo de las cajas, pero de verdad que no te había reconocido —se disculpó Lucas.

—No te preocupes, no me pillaste en mi mejor día. Me he separado hace poco. —¿Por qué le había contado algo tan personal?, se preguntaba Nora mientras disimulaba terminando de limpiar con el algodón el líquido restante.

—Ah, por eso lo de las cajas... ¿Mudanza? —dedujo Lucas.

Aquello provocó una sonora carcajada en Nora. Sabía que él no podía entender aquella risa, pero por algún motivo extraño le resultaba desternillante la asociación de ideas que había hecho.

—¿Qué he dicho? —preguntó él, sorprendido ante su reacción.

—Nada, nada —contestó Nora intentando dejar de reír sin éxito y contagiando a Lucas, que había empezado a reír también sin saber de qué.

—Eres muy divertida —comentó cuando ambos por fin cesaron.

Era la primera vez en la vida de Nora que alguien la consideraba divertida; poseía muchas cualidades, pero la mayoría de ellas no eran en el campo social, y ser divertida desde luego no estaba en la lista.

—Gracias. Deberías llevarte este bote, realizar la misma limpieza a diario unos días y luego la vuelvo a examinar.

Después de eso, Lucas se marchó, aunque no lo hizo del todo, sino que se quedó en la cabeza de Nora como un destello inesperado cada vez que aparecía.

Cuando Nora no podía focalizar su atención en algo como el trabajo, pasar tiempo con sus nuevas amigas o estar con Jaime, su mente siempre se iba flotando a Enric. Se preguntaba qué estaría haciendo, si se acordaría de ella o si estaría bien incluso. Nunca llegaba a entender cómo había podido dejar atrás sin pestañear tantos años juntos. Por las noches se agobiaba mucho al soñar situaciones variopintas con él y, cuando se despertaba en plena madrugada, tardaba siempre unos instantes en saber qué era real: ¿se habían separado realmente? ¿Habían regresado? ¿Cuál era la pesadilla y cuál la realidad? Pero esa noche un visitante inesperado se coló en sus sueños, uno apuesto de hombros anchos; y, al despertar, Nora no se sentía angustiada, sino sorprendentemente conectada con el deseo de que alguien se volviese cercano.

* * *

Los nervios de Nora estaban a flor de piel —mucho más de lo que ella había imaginado que estarían— la mañana en la que don No-puedes-evitar-pensarme-aunque-sea-de-manera-fugaz iba a asistir a la consulta.

—A primera hora viene Bugui por la vacuna de la rabia, después Nuri y a las once menos cuarto Chispa —repasaba Marta, mirando la agenda en el ordenador.

—¿Chispa? —repitió Nora sin caer en a quién se refería.

—Sí, la perrita que tenía mal el oído —explicó Marta. Y Nora cayó en la cuenta de que hablaba de la perra de Lucas. Ella casi nunca recordaba los nombres de los dueños, salvo si eran amables y acudían durante años a la clínica; pero siempre sabía el de sus pacientes animales, menos en esta ocasión.

Al llegar las once, Nora estaba hecha un flan.

—Estos oídos están mucho mejor —dijo con un tono demasiado elevado y entusiasta para ser ella; probablemente el pellizco que tenía en el estómago la llevaba a no calcular bien su timbre de voz.

—Vaya, qué bien, aunque me temo que eso nos deja pocas excusas para volver. ¿Verdad, Chispa? —contestó Lucas, haciendo que Nora se ruborizase sin saber bien qué decir.

¿Acaso Lucas estaba ligando con ella? No se le había pasado por la cabeza que esa atracción imposible de reprimir pudiese ser compartida por él.

—Podéis venir siempre que queráis, Chispa —contestó, mirando a la perrita por vergüenza a mirarlo a él.

—Chispa no es una entusiasta del veterinario, pero le gusta mucho ir a pasear, comer helados, salir a cenar... Y a ti, ¿te gustan esos planes? —dijo Lucas, buscando la mirada esquiva de Nora.

—Sí que me gustan —contestó y sin evitar soltar una risita nerviosa—. Tenemos gustos similares —añadió, rompiendo a reír por lo cómica que le resultaba la idea de imaginarse yendo ella a cenar con Chispa, y probablemente también por la tensión que la situación le generaba.

Nuevamente, Lucas se contagió de su risa.

—Qué risueña eres —comentó—. ¿Entonces te apuntas a cenar con Chispa y conmigo mañana?

* * *

Nora no terminaba de tener claro si el acceder al encuentro había sido buena idea o no, pero se había dejado arrastrar por la dinámica que había adquirido últimamente: decir que sí y dejarse llevar. Para variar, Pepa, que parecía estar más entusiasmada que Nora ante la idea de la cita, le había dado el empujón final que necesitaba al dejar a Jaime en su casa y recordarle cómo Enric estaba haciendo su vida.

—Tú no tienes que guardarle las espaldas a nadie, cariño. Además, esto no te compromete a nada; solo sal y disfruta —se había despedido Pepa, que siempre estaba en posesión del mensaje que Nora necesitaba en cada momento.

—¿Dónde está Chispa? —preguntó Nora al ver aparecer a Lucas, aún más apuesto que de costumbre. Llevaba una camisa blanca remangada, colgando por encima de unos chinos marrones, que le sentaba espectacular porque resaltaba aún más esos hombros que a Nora le resultaban tan masculinos; daban ganas de acurrucarse en su pecho.

La risa de Lucas ante su comentario logró que Nora se sintiera una persona divertida nuevamente.

—Nos ha dejado plantados —contestó él con una amplia sonrisa mientras se aproximaba hacia Nora para saludarla con dos besos. Ese leve acortamiento de distancia que se dio por primera vez entre ambos consiguió que ella sintiese electricidad—. Estás muy guapa.

Nora agradecía el cumplido porque se había arriesgado en su elección del atuendo: llevaba un vestido estrecho de color rojo que había comprado expresamente esa misma tarde para la ocasión y con el que se sentía muy sensual, pero más provocativa de lo que estaba acostumbrada a verse.

Fueron a tomar algo al *rooftop* de un hotel, cuya terraza tenía unas vistas preciosas de la ciudad. Nora conocía ya el lugar por haber estado un par de semanas antes con las chicas, lo que hizo que se sintiese más cómoda. Sabía qué tenían en la carta, dónde estaba el baño, que no ponían la música muy alta y otros detalles a los que probablemente la mayoría no le daba importancia alguna, pero que a ella le ofrecían seguridad a la hora de desenvolverse. Hacía una noche preciosa, la temperatura era cálida y el color rosado de los últimos rayos del sol pincelaba el cielo a su alrededor. Lucas era un orador maravilloso, tenía una forma muy divertida de contar cualquier anécdota, pero también era muy bueno escuchando. Era de esas personas que miran a los ojos y transmiten sensación de transparencia. A pesar de su aspecto juvenil, resultó que tenía un año más que Nora; pero, a diferencia de ella, nunca había estado casado, porque su relación más larga de ocho años había concluido precisamente al llegar el momento de plantearse si dar el paso al compromiso o no.

—La quería muchísimo, pero no del modo en que uno debe querer a una pareja; con los años, se había vuelto algo más fraternal. Y a ella le pasaba lo mismo. Ninguno quería dar el paso de dejarlo, pero tampoco nos lanzábamos a dar uno hacia delante. Cuando la gente a nuestro alrededor empezó a casarse y nosotros no teníamos esas ganas, tuvimos que aceptar que algo no andaba del todo como debía.

Se notaba por la manera en la que Lucas hablaba de su relación que le guardaba un gran cariño, sin resentimiento alguno ante el final; cosa que llevó a Nora a comparar esas emociones tan sanas frente a las que ella aún albergaba por Enric. Aún tenía mucho resentimiento, por lo que prefirió no hablar demasiado de él con Lucas. Además, por primera vez en mucho tiempo, tampoco le apetecía reflexionar acerca de lo ocurrido y solo le apetecía disfrutar de estar en el sitio exacto en el que se encontraba en ese instante, mirando los ojos de ese hombre tan atractivo, los cuales tenían un fulgor hermoso por estar contemplándola a ella. Lucas le gustaba mucho: le gustaba su físico, su forma de ser... Pero le gustaba especialmente sentir la seguridad en sí misma que experimentaba en su compañía. Él sacaba a relucir a una Nora más alegre, más niña, más sensual. Y fue por eso por lo que esa noche decidió darse el permiso de, aun siendo precipitado, dejar que alguien más ayudase a curar su herida.

Esa fue la sensación que tuvo Nora al invitarlo a pasar a su casa; que con cada beso, cada caricia o cada aliento, Lucas iba terminando de sellar esas pequeñas heridas que Nora sentía por todo su ser.

* * *

En solo una noche, Nora había logrado pasar de luchar por vivir alejada del dolor a acercarse a la felicidad. Era feliz, pensaba tumbada en la cama mientras contemplaba a Lucas durmiendo junto a ella; y por algún motivo no le asustaba estar depositando tanta responsabilidad en otra persona. El olor de su cama había cambiado. Las primeras dos semanas tras la ruptura, Nora no había cambiado las sábanas por miedo a que no volviesen a tener nunca más ese olor que se había vuelto tan familiar para ella. Y ahora su cama entera parecía estar impregnada de un aroma nuevo que le resultaba delicioso.

—Qué madrugadora —fue lo primero que dijo Lucas al despertar y ver que ella ya lo estaba.

—Es que roncas muchísimo —respondió Nora.

—¿En serio? —se preocupó él.

—No —dijo ella, añadiendo una leve risita.

—Qué mala eres —contestó Lucas, y enganchando a Nora con ambos brazos la arrastró hacia él. Y nuevamente una sensación de bienestar recorrió su cuerpo al sentir el calor del cuerpo de Lucas pegado al suyo.

No hizo falta mucho preámbulo porque, de algún modo, parecía que estaban exactamente en la misma sintonía que la noche anterior. Las barreras entre ambos habían dejado de existir y un deseo por penetrar el cuerpo del otro flotaba en el ambiente.

Con la seguridad ante su nueva figura, Nora se desenvolvió libre; contoneándose apasionada sobre él, que la miraba con detalle, deleitándose con su gesto de placer, mientras acariciaba sus senos.

—Estás buenísima —comentó con un tono de voz tan sincero que jamás un cumplido le supo mejor a Nora.

* * *

Unas horas después, tras haber vuelto de recoger a Jaime de casa de Mario, no sin antes tomarse un café con Pepa para ponerla al día, Nora cocinaba para ambos de muy buen humor. Presentía que podía estar tranquila en cuanto a que ese no había sido un encuentro puntual, sino el primero de muchos. En su día, con Enric, le pasó igual: tras acostarse la primera vez juntos, Nora había experimentado una tranquilidad interna de saber que él no se alejaría.

—¿Qué tal ayer el concierto? —le preguntó Jaime mientras saboreaba la deliciosa lasaña de Nora. Se ve que debía de ser cierto eso de que el ingrediente secreto era el amor, porque le había quedado más rica que de costumbre.

—Bien, estuvo divertido; aunque no me quedé hasta el final —inventó Nora, que evidentemente veía aún lejano el hablarle a Jaime acerca de Lucas.

—Estoy pensando en ir mañana a ver a papá —comentó Jaime, provocando cierta sorpresa en Nora.

—¿Cómo es eso? —se interesó con tono amable.

Sin duda estaba del mejor humor posible porque, solo una semana antes, que Jaime dijera de ir a ver a Enric en el fin de semana que le correspondía a ella la hubiese llevado a estallar en cólera.

—Es que creo que no está muy bien —explicó su hijo. Y, viendo por el gesto de su madre que seguía sin entender bien, añadió—: Creo que Miriam y él ya no están juntos.

¿De verdad era posible que los tiempos se conjugasen de un modo tan retorcido? No había podido disfrutar ni de un día de paz mental, se decía Nora mientras metía los platos en el lavavajillas. Se merecía pasar el día recordando el maravilloso encuentro de unas horas antes, esperando con ilusión tener noticias de Lucas, no divagando nuevamente acerca del puñetero Enric. Pero resultaba inevitable no darle vueltas: ¿sería una ruptura definitiva? ¿Lo habría dejado ella? ¿Cómo estaría él? Una parte de ella había fantaseado en numerosas ocasiones con ese escenario: Enric dejado y destruido como consecuencia del karma, pero ya no era ese su deseo.

—Pues, si quieres, te acerco a casa de papá esta tarde.

* * *

Solo una milésima de segundo necesitó Nora para saber que Jaime estaba en lo cierto. Era evidente que el Enric que les abrió la puerta a Jaime y a ella no era el mismo que había visto unas semanas antes en su clínica. Estaba mustio, como la planta del salón tras las vacaciones aquel año que se olvidaron de pedirle a la vecina que la regase. Todo el brillo y la confianza parecían haberse esfumado o haberse ido volando para depositarse sobre Nora.

—Te dije que no hacía falta que vinieras —le espetó a Jaime, aunque su gesto no concordaba con sus palabras. Luego, dirigiéndose a Nora, ofreció—: ¿Quieres pasar a tomar un café?

—No quiero molestar; lo recojo mañana por la tarde —contestó ella.

—No es molestia —replicó Enric con una mirada en la que Nora advirtió cierta súplica para quedarse.

No solo Enric había perdido el lustre, sino que su piso estaba hecho una auténtica leonera. Viendo la acumulación de platos en el fregadero y la ropa esparcida, Miriam debía de llevar cierto tiempo sin pasar por ahí o se había ido corriendo ante tamaño desastre. Nora apartó una camiseta del sofá para tomar asiento mientras Enric preparaba un par de cafés de cápsula en la cocina americana.

—El apartamento es mono —comentó ella en un intento de ser amable.

—Toma —dijo, ofreciéndole su taza—. Está hecho un asco, lo siento. Pensaba limpiarlo para que Jaime no lo viese así, pero creía que llegaría más tarde —se excusó Enric.

—¿Cómo estás?

Haciendo esa pregunta, de manera no intencionada, con el mismo tono condescendiente que Enric siempre había empleado desde la ruptura, Nora sintió que los papeles se habían cambiado a pesar de no ser ella la que había ocasionado su malestar.

—Bueno…, he estado mejor. Aunque era previsible que terminara pasando esto, y en parte no puedo evitar sentir que me lo merezco.

—No digas eso —respondió Nora, que jamás había podido hacer leña del árbol caído.

—Es verdad, Nora. —Y, haciendo una pausa para intentar refrenar sin éxito las ganas de llanto, Enric rompió a llorar—: He hecho las cosas muy mal contigo, y lo siento tanto… Igual no me crees, pero ahora mismo lo que más me duele no es lo de Miriam, sino pensar en el daño que os he hecho a ti y a Jaime, pensar que he roto mi familia.

Enric tuvo que volver a callar debido a su llanto. Nora estaba petrificada. Jamás lo había visto así, por no decir que hacía ya tiempo que había renunciado a la esperanza de que él pudiese llegar a arrepentirse. Pero ahí estaba, sentado frente a ella, hecho un mar de lágrimas, por primera vez pidiendo una disculpa que le resultaba sincera.

—Entiendo que te sientas así, y no te diré que no estés en lo cierto. La has cagado mucho, Enric. Pero... te perdono —dijo Nora, llevándolo con sus palabras a llorar aún con más fuerza, probablemente por sentirse si cabe más miserable ante la generosidad de ella.

—¿Crees que aún puedo arreglar las cosas? —se preguntó tras recuperar un poco la calma.

—No lo sé, Enric. No soy la misma Nora que conocías, y entre otras cosas he aprendido a darme más importancia a mí. Hoy en día no me planteo regresar a nuestra vida de antes. Hay mucho que debería ser reparado primero. No sé si será posible, pero si quieres puedes intentarlo.

* * *

Conduciendo hacia casa, Nora asimilaba lo ocurrido: Enric quería regresar. Eran muchos años juntos y una vida construida, por no hablar de Jaime. Pero también estaba Lucas, que, aunque era algo aún pendiente de explorar, había despertado grandes sentimientos en ella. Unas semanas antes ni lo hubiese dudado y hubiese vuelto con Enric mirando por su familia, pero lo que le había dicho era totalmente sincero: había aprendido a mirar por ella. Enric había disfrutado sin culpa durante mucho tiempo de su romance. ¿Ahora que le tocaba a ella debía renunciar por apelar a su sensatez? No estaba dispuesta. Por una santa vez en su vida, iba a dejarse llevar por sus sentimientos: iba a seguir conociendo a Lucas y permitir a Enric esforzarse por intentar arreglar las cosas. Pero, por encima de todo eso, iba a seguir cuidando a Nora; a esa nueva Nora con amigas y con planes que no se achantaba ante nada. Porque, durante todo el dolor, había descubierto que había en ella alguien que deseaba salir y en quien podía apoyarse, y esa relación sí que no tendría final.

Preguntas para reflexionar

- ¿Crees que una relación puede funcionar a pesar de la diferencia de edad? ¿Qué tipo de retos crees que podrían surgir de este tipo de relación?

- ¿En qué aspectos de la vida crees que una diferencia de edad significativa puede ser una ventaja o desventaja en una relación?

- ¿Consideras que la madurez emocional es más importante que la edad en una relación? ¿Por qué?

- ¿Hay otros factores que crees que deberían ser más importantes que la edad en una relación? En caso de respuesta afirmativa, explicar cuáles y por qué.

- En el contexto de las relaciones con diferencia de edad, ¿cómo crees que influye la presión social o el juicio externo en estas parejas? ¿Crees que dicha presión puede influir en la estabilidad de la relación?

- ¿Cómo crees que afectaría a tu autoestima que tu pareja te dejara por alguien más joven que tú? ¿Qué emociones crees que podrías experimentar en esa situación?

Algunas conclusiones...

Las relaciones con una diferencia de edad significativa son un tema controvertido y multifacético, y el impacto de esa diferencia en la pareja y en la percepción que tiene la sociedad de ella puede variar dependiendo de los individuos involucrados. En los países occidentales, alrededor del 8 % de las parejas tienen una diferencia de edad de diez años o más. Una cifra bastante baja si tenemos en cuenta que, históricamente, las diferencias de edad eran mucho más pronunciadas y frecuentes, especialmente en el caso de mujeres jóvenes emparejadas con hombres mayores, lo que era visto como un símbolo de estatus, pues los hombres mayores se encargaban de «proteger» a sus jóvenes esposas de sí mismas.

Hoy en día, las relaciones con diferencias de edad son menos frecuentes que antes, pero todavía generan opiniones divididas, y muchas veces los prejuicios se dirigen de forma desigual hacia hombres y mujeres. Por ejemplo, mientras que a menudo se percibe como algo aceptable o incluso atractivo que un hombre mayor salga con una mujer más joven (solo hay que ver el nombre que reciben estos hombres: *sugar daddy*, con claras reminiscencias al paternalismo que veíamos antaño), las mujeres jóvenes que se emparejan con hombres mayores a veces son calificadas de manera despectiva, como *buscafortunas*, un término claramente peyorativo que refleja un juicio social basado en estereotipos. Ambas etiquetas, de hecho, reflejan una visión arcaica sobre los roles de género y poder dentro de las relaciones y nos recuerdan que aún vivimos en una sociedad donde las normas y percepciones sociales siguen influyendo en cómo vemos las relaciones amorosas.

Sin embargo, más allá de las etiquetas y de los juicios sociales, la verdadera pregunta es si la diferencia de edad afecta a la compatibilidad emocional y a la calidad de la relación. Las parejas con una diferencia de edad significativa enfrentan ciertos desafíos, pero no necesariamente mayores a los que enfrentan las parejas de edades similares. La clave aquí radica, probablemente, en la madurez emocional y las expectativas compartidas.

Por un lado, mientras que las parejas de edad similar pueden tener experiencias de vida más alineadas —lo que puede facilitar la comprensión mutua y un punto de vista más parecido ante un problema—, en las parejas con mayor diferencia de edad, dicha diferencia puede aportar perspectivas únicas que enriquezcan la relación. Ciertamente, en estos casos, los intereses y las etapas vitales de cada uno son muy diferentes y ello podría generar desacuerdos o dificultades para conectar a nivel emocional en algunas circunstancias, pero también es verdad que hay ejemplos de parejas exitosas con una marcada diferencia de edad.

* * *

En cualquier caso, el mayor desafío para muchas de estas parejas —de edades dispares— es la percepción externa. A menudo, se sienten presionadas por las opiniones y juicios de su círculo social, lo que puede generar inseguridades y tensiones adicionales. Sin embargo, si la pareja se siente apoyada y respetada, y ambos comparten valores y objetivos similares, la diferencia de edad puede ser simplemente un número.

Por otro lado, si una persona deja a otra por una más joven, la diferencia de edad tendrá un efecto más complejo. En estos casos, la persona que no ha cortado la relación puede sentir una herida profunda en su autoestima, pues el hecho de ser reemplazado por alguien más joven o más «atractivo» puede provocar inseguridades o incluso la sensación de haber sido menospreciado. Estos sentimientos son completamente naturales, ya que la sociedad considera la juventud un símbolo de belleza y vitalidad. Sin embargo, como ya se ha comentado, el respeto mutuo, el entendimiento y la conexión emocional deben ser los pilares sobre los que se construya cualquier relación, independientemente de la edad de cada uno.

RELATO 4:

Perder el control

Nada más abrir los ojos, mi mente hizo el repaso matutino habitual de todos los días. Como primer pensamiento, recordé que el día anterior no habíamos tenido comunicación alguna, pero sí había visto mis historias de la tarde, aunque aún no la última de la noche; era una historia un tanto provocativa porque, de manera disimulada, en algunos planos se me veía el sujetador. Pero no pasaba nada porque solo era pública para mi lista de mejores amigos, la cual estaba conformada solo por Alberto o, como aparecía en mi Instagram, @apolo13.

Agarré el móvil de la mesita de noche y me metí a revisar Instagram. Su nombre seguía sin aparecer, lo que me generaba cierta ansiedad y me llevaba a sentir una vergüenza extraña, como si de algún modo supiese que solo él podía ver esa historia, pero declinase hacerlo. Quizás debía borrarla para dejarle con la duda de qué se trataba, para que aprendiese que mis historias no siempre duran las veinticuatro horas y crearle de este modo una urgencia de verlas. Pero ¿y si al borrarla evidenciaba de algún modo que solo él podía verla y la borraba precisamente por no haberlo hecho? Repasé las historias anteriores de la tarde, en las que salía preparando un bizcocho, y vi su nombre escrito en ellas. El mero hecho de leerlo me devolvía cierta calma, porque sabía que, aunque no habíamos hablado, al menos durante unos instantes se había acordado de mí.

Entonces me metí en WhatsApp a revisar su última conexión y vi que había sido más tarde de la una de la madrugada. ¿Habría salido la noche anterior o simplemente había revisado el teléfono al ir al baño? Yo siempre que iba al baño de madrugaba lo revisaba para ver si Alberto estaba en línea... No había compartido ningún estado o historias, así que seguramente sería solo eso, revisar el móvil sin enviar nada a nadie.

Releí nuestros últimos mensajes, que se remontaban al martes. Había iniciado la conversación yo, por lo que ahora debía esperar que la iniciase él. Era una de las normas que me había propuesto cumplir para atraer su atención; aunque, si él no daba ningún paso, sería el tercer día sin hablar. Por suerte para mí era viernes y, como estaba de buen humor, casi siempre me saludaba o enviaba algo. Repasé los últimos dos viernes para comprobar que efectivamente me había dado los buenos días y, antes de llegar al tercero, apareció en línea. Me salí rápido, porque si me contactaba no quería que le apareciese directamente como leído y porque me encantaba el subidón de encender la pantalla de mi móvil y ver algún mensaje suyo.

Me fui a la ducha, un poco más animada por estar bastante convencida de que a mi vuelta tendría noticias suyas. Además, yo ya estaba aprendiendo a controlar la situación; ya no vivía todo el día pendiente del teléfono y sabía que dejarlo a un lado era precisamente lo que obraba la magia. Gracias a mi nueva actitud, había logrado que Alberto me contactase más veces que yo a él. Ya no hablábamos todos los días, pero sí todas las semanas.

Aunque llevábamos ya más de dos sin vernos...

«Tú siempre tienes las palabras correctas», me había dicho en un momento de la conversación en aquella ocasión. Por pura logística, aquel día no habíamos podido tener intimidad, porque él tenía planes con amigos después. Pero eso en el fondo no era algo malo, sino al contrario, porque cuando un chico está dispuesto a pasar tiempo contigo aunque no haya sexo es que está invirtiendo emocionalmente en conocerte. Y si creía que siempre tenía las palabras adecuadas era porque valoraba mi opinión; cosa que, gracias a los vídeos de YouTube, sabía que era esencial porque un hombre necesita admirarte para poder enamorarse de ti. Si me admiraba, estaba dispuesto a quedar conmigo para un café más allá del sexo y estaba logrando que él tomase más la iniciativa al no buscarlo tanto, por lo que la cosa no marchaba tan mal.

A pesar de todo, ese arranque de positividad duró el tiempo que tardé en volver a tener el móvil entre mis manos y ver que no me había enviado nada. Su conexión reflejaba que había estado en línea hacía cuatro minutos. Si todavía no había enviado nada, era poco probable que fuese a enviarme un mensaje de buenos días. Un nudo extraño se formó en mi estómago, quitándome las ganas de desayunar. ¿Y si la conexión de ayer se debía a que había quedado con alguien? Volví a meterme en Instagram: seguía sin haber visto mi historia. «Qué asco de vida», pensé guardando el móvil en el bolso junto a las llaves para salir de casa. Por suerte para mí, al bajar las escaleras aún no había nadie de mi familia rondando por la cocina, porque lo último que me apetecía en ese momento era tener que saludar. Estaba deseando poder independizarme para que nadie estuviese metiéndose en mis asuntos: «Celia, ¿has comido algo?»; «Cel, deberías apagar la luz y dormir, es tarde»; «¿Te vas a quedar otra vez en casa? ¿Estás bien?». Deberían comprarse todos una vida y dejarme vivir la mía en paz. Aunque, con mi salario de dependienta, por el momento no parecía llegar el día de perderlos de vista.

Me puse los cascos para escuchar música mientras esperaba en la parada del autobús y me sentí tentada de revisar nuevamente su última conexión, pero decidí no hacerlo. Debía tener autocontrol para que ocurriese la magia.

Sentada ya en el autobús, no podía evitar darle vueltas a la idea de que él hubiese podido conocer a alguien, así que me metí en su perfil a ver si había agregado a algún contacto nuevo, cuando me entró un DM: «Muy monas las fresitas».

Sentí cómo se disparaba mi pulso al leerlo y una sensación de bienestar inundaba todo mi cuerpo. Había visto mi historia de anoche y no había podido evitar comentar algo acerca de mi sostén, el cual tenía bordado un montón de pequeñas fresas. Imaginar a Alberto pensando en mí en ropa interior encendía mi mente lujuriosa, por lo que me pasé el recorrido de las dos paradas que me quedaban antes de llegar a mi destino fantaseando con ambos en tesituras muy calientes.

—Alguien está hoy de buen humor —me saludó Alba mientras deslizaba la persiana de la tienda.

Mi compañera tenía razón: mi humor había dado un giro desde que había recibido el mensaje. Me alegraba saber que no estaba más de dos días sin tener noticias suyas. Mientras daba entrada a unos paquetes de ropa, pensaba en qué podía contestarle para mantener la charla. Bueno, no solo le daba vueltas a ello, también imaginaba cómo sería que me propusiese algún plan y nos viésemos, esta vez con tiempo para enseñarle mis fresas en directo. ¿Y si le contestaba que eran aún más bonitas en vivo?

Eso ponía sobre la mesa el quedar, pero tampoco quería resultar tan lanzada. Además, se suponía que lo de enseñar el sujetador había sido involuntario. ¿Y si escribía: «Qué vergüenza, menos mal que al menos es un sujetador bonito. ¿Qué planes tienes para el *finde*?»? O no, mejor proponer. Sí, debía mostrarme más segura.

«Qué vergüenza, en qué cosas te fijas... ¿Quedamos luego para tomar algo?»; ese me gustaba. Se veía espontáneo, seguro y, como él me había contactado, no pasaba nada si yo proponía el plan. No iba a dudar más, sobre todo por no arriesgar que él hiciese ya otros planes. Mandé el mensaje y, en vez de guardar el móvil en el bolso, me lo metí en el bolsillo del pantalón para estar pendiente de su respuesta. Tenía un buen presentimiento, pero con el transcurrir del día se fue viniendo abajo. A lo largo de los últimos casi diez meses ya conocía mucho a Alberto. De hecho, no hace falta tener una relación formal para conocer a alguien; es más una cuestión de química y de que el tiempo que se pase juntos sea de calidad. En cualquier caso, yo sentía que teníamos una especie de relación; sin etiquetas, pero relación al fin y al cabo. Por todo ello sabía que, si la respuesta iba a ser positiva, tardaba poco en contestar; cosa que no pasó en esa ocasión. Después de algo más de dos horas, llegó su respuesta: «Me encantaría probar esas fresitas, pero he quedado».

Resultaba agridulce de leer. Por la tardanza, yo ya intuía que no íbamos a vernos, y me encantaba su comentario de querer probar mis fresas, pero... ¿por qué no lanzaba una contraoferta? Había quedado ese día, pero ¿y al siguiente?

Igual podía contestar: «Si quieres podemos quedar para que las pruebes mañana».

No; sonaba desesperado. Además, probablemente ya tenía planes y por eso no lo había sugerido. Esa respuesta solo implicaba exponerme a una doble negativa por su parte, cosa que me había pasado en otras ocasiones y que no me dejaba en buen lugar.

Mientras seguía colocando ropa e iba asimilando el chasco de que ese finde probablemente tampoco íbamos a vernos, se me ocurrió una idea genial al dar entrada a un vestido de lo más sexi; era blanco y consistía en una minifalda y un top unidos por una tira fina que cruzaba el ombligo.

Me fui a los probadores a ponérmelo. Con el peso que había perdido en los últimos meses, la verdad era que cualquier conjunto me quedaba bien. Puse el móvil a la altura del suelo, enfocando hacia arriba para que mis piernas parecieran más largas, metí la poca barriga que me quedaba, doblé un poco una pierna para pronunciar mi figura y saqué unas cuantas fotos. Le envié la que creía que resaltaba más mi físico acompañada de un: «Tú te lo pierdes. ¡Yo voy hoy a pasarlo bien!», y el icono de la carita que guiña un ojo y saca lengua.

Sí, me sentía orgullosa del mensaje porque, tal y como había aprendido en mis vídeos, tenía que hacerle ver que mi vida no se paraba por nadie. Mi bolsillo del pantalón no tardó ni cinco minutos en vibrar. ¿Y si lo había hecho cambiar de opinión? Motivada, miré el teléfono y, efectivamente, era él. Había contestado con tres caritas de ojos de corazón y después había escrito: «Qué mala eres».

Me encantaba cuando me ponía corazones; cuantos más corazones hubiese en nuestras charlas, mejor. El problema era que su respuesta no me daba mucho juego. Esta vez iba a hacerle esperar hasta salir del trabajo. Aunque no fuésemos a vernos, al menos llevábamos todo el día hablando y tenía claro que me tenía en su cabeza. Me molestaba un poco que la conversación fuese por Instagram en vez de por WhatsApp, porque de algún modo la vía era menos formal, pero quizás podría contestarle esa noche por WhatsApp y así desviar la charla ahí.

—Vamos a ir todas después del curro a tomar algo, ¿te vienes? —dijo Alba, sacándome de mis cábalas sobre Alberto.

—No, tía, que estoy reventada de toda la semana y aún me queda curro porque he estado distraída con mensajes —respondí.

—Ya, te he visto mucho con el móvil en la mano. Todo el día hablando con tu Alberto, ¿no? —preguntó.

—Sí, me has pillado. ¡Jajaja!

—¿Y no vais a quedar ni un rato?

—No, hoy no. Ya te he dicho que estoy muy cansada y él va a ir a tomar algo con sus amigos.

* * *

De camino a casa en el autobús, iba pensando qué mensaje podría enviarle para estar segura de que me tuviese presente durante toda la noche, pero de pronto vi que había compartido una historia. Eso me planteaba un dilema: no sabía si debía meterme a verla ya o mejor esperar. Se suponía que yo estaba de fiesta, así que era mejor esperar un poco y demostrarle que mi vida no giraba en torno a él. Sabía que lo ideal era esperar a ver la historia al día siguiente, para que estuviese inquieto por ver que no la veía y que iba a lo mío; aunque me fuese a costar mucha fuerza de voluntad, porque me moría de curiosidad. De todos modos, tenía un plan de emergencia para estos casos: mi amiga Nuria. Era conocida de Alberto porque tenían amigos en común y, tras insistirle mucho, unos meses atrás le había enviado una solicitud de seguimiento que él había aceptado.

«Hola preciosa, ¡¡¡feliz viernes!!! ¿Te importaría meterte a la historia de Insta de Alberto y sacarme una captura?». Era un mensaje un poco desesperado, sí; pero todo el mundo tiene sus trucos hoy en día. Por desgracia para mí, Nuria siempre tardaba un rato en contestar. En cualquier caso, era mejor eso que tener que esperar al día siguiente.

—Hola, cariño. Llegas justo a tiempo para cenar. En cuanto tu padre cuelgue la llamada con tu tío, nos sentamos a la mesa —me saludó mi madre cuando llegué a casa unos minutos después y me acerqué a darle un beso en la mejilla, porque estaba de buen humor por cómo estaban las cosas con Alberto.

—¿Y Mimi? —pregunté por mi hermana imaginando la respuesta.

—Con Raúl. No sé si iban al cine o a casa de unos amigos, no me he enterado muy bien —respondió mi madre, posando con cuidado la bandeja de macarrones gratinados sobre la mesa.

Mi hermana Mónica —Mimi para los de casa después de que yo la bautizara así a mis tres años, cuando ella acababa de nacer— llevaba un par de años saliendo con Raúl y desde entonces era insoportable: daba consejos de lo más condescendientes y se sentía con el derecho de opinar acerca de mi relación con Alberto como si ella fuese una experta en el amor.

—Mejor —contesté tomando asiento.

—No seas mala —dijo mi madre, haciéndome recordar la charla con Alberto.

Mientras esperábamos a mi padre, releí la frase en mi móvil. «Me encantaría probar esas fresitas»; sus palabras flotaban en mi mente como ángeles alados. Sin embargo, Nuria aún no había contestado a mi mensaje y la intriga me carcomía. ¿Qué narices estaría haciendo?

—Qué alegría me da verte comer así, hija. Últimamente nunca comes nada. ¿Has almorzado hoy en el trabajo? —se interesó mi madre.

—Mamá, no te pongas otra vez pesada. Sí, he comido. Fui con las compañeras al puesto de kebabs que tenemos cerca de la tienda —contesté, aunque no era cierto, para dejarla tranquila.

—Eso no es comida. Yo puedo prepararte un túper con ensalada o pollo a la plancha con verduras. O podrías dejar ya ese trabajo y retomar tus estudios, que es lo que deberías hacer porque...

Por suerte para mí, mi padre interrumpió a tiempo el sermón habitual de mi madre.

—Tengamos la fiesta en paz. Luego te quejas de que no se sienta a cenar con nosotros —apuntó sabiamente, porque así era. Comer con ellos era exponerse al tercer grado de mi madre.

—Pero si nunca la veo, ¿cuándo voy a poder hablar entonces? —rechistaba mi madre.

En ese instante, me llegó el wasap que tanto esperaba de Nuria, quien, tras un texto irrelevante acerca de su semana, me enviaba la captura de @apolo13, donde se veía una mesa con dos pintas en lo que parecía un bar irlandés. ¿Solo dos? Tuve al instante un mal pálpito. ¿Estaría teniendo una cita?

—Me voy a mi cuarto —anuncié.

Acto seguido, me dirigí a las escaleras mientras escuchaba de fondo cómo mi padre le decía a mi madre:

—¿Ves? Es mejor dejarla tranquila.

Aunque en esa ocasión el retirarme no tenía nada que ver con el discurso de mi madre, sino con mi necesidad de intentar llegar a conclusiones en la calma de mi habitación.

En realidad, Alberto solo había dicho que había «quedado»; lo de los amigos lo había deducido yo. Pero, de tener una cita, ¿me lo habría dicho? Y más aún, ¿podía tener la desfachatez de pasarse el día mandándose mensajes picantes conmigo para luego publicar una historia? No, seguramente estaba con un amigo. De todos modos, no había nadie etiquetado en la publicación, lo cual era extraño si se trataba de un amigo, a no ser que fuese un amigo sin Instagram. Podía enviarle mi respuesta al WhatsApp e igual me enviaba alguna foto de sus planes como hacía a veces; así saldría de dudas y sabría con quién estaba.

Me molestaba un poco que el último mensaje en WhatsApp fuera uno enviado por mí, como si estuviese reiniciando la charla yo, cuando realmente había sido él quien la había reiniciado en Instagram. No tenía del todo claro si eso iba en contra de las nuevas reglas que me había autoimpuesto, pero aun así le envié: «Que lo pases muy bien esta noche», junto con el emoji de beso.

Listo. Ya estaba enviado. Hasta que no recibiera respuesta, el chat se veía un tanto insistente por mi parte, pero no iba a preocuparme por ello.

De pronto caí en la cuenta de que, si me enviaba él una foto de qué estaba haciendo, yo debería responder con una similar, así que me puse a buscar alguna imagen de archivo que pudiese servirme en tal caso. Cada cinco minutos revisaba el chat, pero aún no se había vuelto a conectar, lo cual era normal si estaba pasándolo bien con un amigo. Finalmente, unos cuarenta y cinco minutos después, a la decimoquinta vez que entré en nuestro chat, vi el *check* azul. Lo había leído, pero se había vuelto a desconectar sin decir nada. No, por Dios. El chat no podía quedar así conmigo «en visto». Sentí que la ansiedad que me había abandonado durante el día volvía a apoderarse de mí. No pasaba nada, me dije. Igual contestaba en un rato, me estaba adelantando. Además, él creía que yo estaba de fiesta y ni había mirado su historia de Instagram. ¿Y si yo subía una historia solo para mejores amigos como si estuviese tomando algo en algún local?

—Cariño, ¿puedo pasar? Siento si me he puesto pesada antes, pero me preocupo por ti —escuché decir detrás de la puerta a mi madre, que no podía ser más inoportuna.

—¡Ahora no, mamá! ¡Déjame en paz! —grité estresada por sentir que estaba perdiendo nuevamente el control sobre la situación con Alberto.

Decidí subir un estado de una foto que tenía de hacía un par de años de un par de chupitos en una barra con una canción de Karol G, pero eso no logró disipar mi angustia.

Esa noche apenas pude pegar ojo. Menos mal que el sábado no me tocaba trabajar. Cada veinte minutos más o menos me despertaba a revisar mi teléfono, pero Alberto seguía sin haber contestado nada; ni siquiera había entrado a ver mi historia. A eso de las seis de la mañana, me desperté y vi que se había conectado a las 5:37. ¿Tan tarde?

Ese fue el comienzo de un sábado espantoso. Cansada y abatida, vi cómo pasaban los minutos y las horas sin saber nada él. En mi mente se afianzaba la idea de que la noche anterior había tenido una cita. Lo imaginaba durmiendo al lado de otra, porque mi umbral del dolor no alcanzaba a imaginar escenas peores, y me moría de pena.

—Mamá pregunta si vas a bajar a comer. —Mimi entró sin llamar.

—Dile que no, que estoy cansada. He dormido mal; ya pico yo algo luego —respondí sin girarme ni a mirarla.

—¿Estás bien? Si no saliste anoche, ¿por qué estás así? Deberías ser más buena con mamá, ella se preocupa mucho —empezó con un sermón que tampoco estaba dispuesta a atender en estos momentos.

—Vete —interrumpí simplemente porque ni ánimo de discutir tenía.

—Tú siempre igual. Es que no se puede hablar nunca contigo desde que conociste al tío ese…

—¡Vete! Sal de mi cuarto. ¡¡Vete de un puta vez y no vuelvas a entrar sin llamar o te enteras!! —chillé, incorporándome en la cama, porque no podía soportar que lo hubiese mencionado.

—Estás loca —respondió mi hermana, abandonando mi cuarto.

* * *

En algún momento de la tarde, sin darme cuenta, debí de quedarme dormida. Al despertar, tuve la esperanza de que la magia hubiese ocurrido en mi teléfono, pero no fue así. Lloré desconsoladamente ante la idea de que Alberto estuviera pasando su fin de semana con un nuevo amor y también porque me sentía estúpida por haber confiado en que lo nuestro iba avanzando hacia una relación.

Las horas pasaron lentas e insoportables hasta que el domingo por la tarde, sobre las cuatro, cuando había bajado a la cocina a por un vaso de batido de plátano, recibí un wasap: «¿Qué haces esta tarde? Se me antojan unas fresas».

No me lo podía creer, ¡me había escrito! Todas mis lágrimas y dudas desaparecieron de un plumazo y, en menos de una hora, me había arreglado de pies a cabeza y me dirigía a su casa. Sabía que lo ideal no era que yo fuera a su casa, pero Alberto ya no vivía con sus padres, así que era la única opción.

Me había hecho un peinado que sabía que a él le encantaba —la coleta alta repeinada con gomina—, que a mí no me gustaba demasiado porque las puntas parecían muy rubias en contraste con la raíz, pero no había querido perder ni un minuto de tiempo con ello. Con lo que sí me había esmerado era con el maquillaje: me había pintado minuciosamente, sobre todo las ojeras, que estaban algo moradas de no haber pegado ojo las últimas dos noches; y, aunque ya no solía usarlas porque me resecaban mucho los ojos, me había puesto las lentillas verdes que utilizaba siempre que quedábamos desde que sabía que era su color de ojos favorito. Cómo no, también llevaba el sujetador de fresas.

La vida volvía a sonreírme. Incluso el autobús que pensé que iba a perder se retrasó dos minutos, por lo que llegué justo a tiempo a la parada.

De camino a su casa, ya inmensamente feliz por anticipar el encuentro, estaba enfadada conmigo misma. Debía aprender a tomarme las cosas de otra manera; no podía hundirme solo por no tener noticias suyas un día. Habíamos estado hablando el viernes, había salido con un amigo, había estado el sábado de resaca y ese domingo, el día clásico de pareja, quería pasarlo conmigo, lo que era un reflejo del compromiso que se iba creando entre nosotros. No podía poner en duda lo que teníamos solo por no hablar un día, eso era ser demasiado intensa.

—Hola —saludó Alberto al abrir la puerta, siendo bastante menos efusivo el reencuentro de lo que había imaginado. Pero no importaba, porque por fin estaba con él.

—Hola, ¿te acabas de levantar? —dije por las pintas que llevaba, mientras entraba a su casa. No se había peinado ni llevaba camiseta, solo unos pantalones de andar por casa, por los que asomaba el bóxer.

Tras una leve risita por mi comentario, se frotó la cara y, abriendo la nevera para sacar una botella de Coca-Cola, me preguntó:

—¿Quieres tomar algo?

—No, gracias —contesté, observando que la cocina y el salón estaban tan poco presentables como él.

Se sirvió un vaso y tomó asiento en uno de los taburetes frente a la isla de la cocina, indicándome con el gesto de alargar el brazo que me sentase en el de al lado.

—Cuánto tiempo, ¿eh? ¿Qué has estado haciendo últimamente?

Que mostrase interés por mi vida era buena señal. Cuantas más preguntas, mayor interés; aunque la coletilla inicial de «cuánto tiempo» no me había hecho gracia.

—Si ya lo sabes... Lo que te he contado estos días, trabajo y poco más. El viernes fui a tomar algo con las chicas del trabajo. Y la verdad es que lo pasamos muy bien —inventé, porque contarle que había estado en mi casa sufriendo por no tener noticias suyas no me hacía ver muy atractiva.

—Ah, es verdad, que te pusiste el vestidito blanco —apuntó, acompañando el comentario con un risita final.

—¿De qué te ríes? —pregunté.

—¿Llevas hoy el sujetador de fresitas? —dijo, suavizando el tono de voz y reclinándose hacia mí.

—No sé, vas a tener que averiguarlo —fue lo que me dio tiempo a contestar antes de que sus labios se encontrasen con los míos.

Habíamos hablado poco, sí; pero era evidente que a ambos nos podían las ganas de estar al fin juntos. Entre besos nos dirigimos al sofá, donde, tras quitarme la camiseta, descubrió que, efectivamente, llevaba el sujetador. Y, aunque no se comió las fresitas del sostén, sí se comió lo que escondían. Me encantaba lo apasionado que era siempre en la cama, como si quisiese poseer cada centímetro de mi cuerpo.

Al terminar, nos quedamos un rato abrazados sobre el sofá. Me gustaba pasar mis dedos por los remolinos rubios que se le formaban cuando estaba despeinado.

—¿Te apetece ver una peli? —sugerí por ser el plan que más pegaba para el domingo por la tarde.

—Me encantaría, pero he quedado para jugar al fútbol con unos amigos. Qué pereza, no me apetece nada, pero si no voy me matan. —Levantó el brazo para olerse sutilmente la axila y determinó—: Me voy a dar una ducha y voy para allá. ¿Quieres que te acerque a tu casa o tienes otros planes? —me ofreció.

Estaba un tanto decepcionada porque contaba con que pasaríamos la tarde juntos y, aunque disimulando mi grado de decepción en el tono, no pude evitar dejarlo caer:

—No, no tengo otros planes, la verdad. Pensaba que pasaríamos la tarde juntos.

—Ya, lo siento. Por eso dudé y todo si preguntarte, perdona. Es que este finde no los he visto, si no les diría que no puedo —se excusó.

Por lo general, siempre que veía a Alberto tenía la sensación de ser un móvil al que acababan de cargar la batería: volvía a llenarme de ilusión ante lo nuestro, porque el tiempo que estábamos juntos lo pasaba realmente bien. Sin embargo, en esa ocasión —nuevamente en el autobús tras declinar su oferta de acercarme, por estar en la dirección opuesta y él no haber insistido suficiente—, no me sentía bien.

Había sido un fin de semana demasiado angustioso para que nuestro encuentro no hubiese durado ni una hora de reloj; había llegado a su casa a las cinco y veinte de la tarde, y eran apenas las seis y cuarto y ya iba en el autobús de vuelta a la mía. Había tardado más tiempo en arreglarme y llegar hasta allí que el que había pasado con él. Me sentía usada. Y no podía parar de darle vueltas a lo último que había dicho, que no había visto a sus amigos en todo el fin de semana. ¿Entonces con quién estuvo el viernes? Estaba enfadada conmigo misma por no habérselo preguntado. Podría haberlo planteado tan normal: «¿Qué has hecho el finde?»; «¿Qué tal lo pasaste el viernes?»... Algo; debería haber dicho algo. Igual se refería a que no había visto ese fin de semana a los amigos del fútbol por haber quedado con otros. Podía tener más amigos, aunque yo no conocía a ninguno más allá de sus publicaciones en redes...

Dios, todo aquello me superaba. Me quité las lentillas, a pesar de no llevar encima el estuche para guardarlas, porque no podía reprimir más las ganas de llorar.

* * *

Terminé la tarde del domingo hecha un ovillo sobre mi cama. Igual debía resignarme y aceptar que yo no le importaba; que Alberto no sentía lo mismo que yo, por mucho que intentase agarrarme a ello con uñas y dientes. De pronto sonó mi teléfono. Me había enviado una foto en la que posaba feliz con varios amigos en unos vestuarios, acompañada del texto: «¡Al menos hemos ganado! Siento no haber tenido más rato hoy. Espero que no estés molesta». Aquel mensaje fue una caricia para mi corazón compungido. En un momento crucial, llegó como la señal que necesitaba para saber si le importaba.

«No lo estoy, pero la próxima vez espero peli y palomitas», contesté sin darle muchas vueltas. Me respondió al instante con el icono de la risa. Odiaba ese icono, porque sabía que era la forma con la que él zanjaba la conversación. No me daba mucho juego a seguir la charla y, si la forzaba como había hecho otras veces, me exponía a esperar mucho tiempo por su respuesta o directamente a no recibirla, lo que me ataba las manos de cara a reiniciar yo la conversación. «Bueno, por hoy lo dejaré así», pensé antes de que sonara nuevamente mi móvil porque me había enviado otro mensaje con el icono del beso. Me dio un vuelco el corazón al verlo. Yo lo sabía, aunque el resto no fuese capaz de verlo; yo sí tenía claro que en el fondo le importaba más de lo que él creía. Le contesté con el mismo icono y me fui a dormir muy feliz recordando nuestro encuentro; el cual, ahora que había visto nuevamente interés por su parte, analizaba de manera muy distinta: en mi cabeza había pasado de ser un polvo rápido a habernos visto para hacer el amor.

Pero, por si toda esta alegría fuese poca, a la mañana siguiente al despertarme tenía un mensaje suyo: «Buenos días, fresita». Y ahí estaba esa sensación de energía renovada; esas alas que crecían en mi espalda y se desplegaban a lo grande para dejar volar toda mi imaginación. Lo sentía como mi novio; quizás no teníamos la etiqueta, pero en la práctica lo era. Decidí que esperaría un poco para darle respuesta, por lo que no contesté hasta llegar al trabajo.

«¡¡Buenos días, campeón!! ¿Cómo va esta mañana de lunes? Yo ya entrando a trabajar».

Me encantaba sentirme de tan buen humor, me veía hasta otra cara, pensaba tras verme de refilón en uno de los espejos de la tienda. Cerca del mediodía, antes del descanso para el almuerzo, me llegó su respuesta: «Tú lo has dicho, de lunes. A ver si remonto, que estoy fundido del finde». Me molestaba un poco que no me hiciese ninguna pregunta, pero me había propuesto no enfadarme por cada detalle.

«Ánimo, yo estoy igual. Así que voy a comer para retomar fuerzas», y le envié una foto del túper de la ensalada griega que estaba a punto de zamparme.

Cuando llevaba un rato comiendo, me llegó una reacción suya a mi mensaje: un corazón a mi foto. Maldita sea; yo esperaba que contase algo, como por ejemplo qué estaba comiendo él, para poder entablar una charla durante mi descanso...

La tarde no fue tan buena como la mañana. Aunque hice todo lo posible por centrarme en el trabajo e intentar mantener una actitud positiva, no podía evitar revisar mi teléfono a cada rato y sentir decepción al no haber recibido nada. A media tarde, compartí un *reel* en mis historias acerca de la importancia de valorar los momentos para ver si lo veía. Antes de transcurrir una hora lo había visto, lo que me ofreció cierto consuelo por saber que estaba pendiente de mis redes. Por otro lado, sin embargo, no salía de mi cabeza la referencia que había hecho a no haber visto a sus amigos durante el fin de semana... ¿Con quién habría ido a tomar las cervezas?

En el autobús de camino a casa, aproveché para repasar nuevamente la lista de sus seguidores en Instagram, pero no me aparecía nadie nuevo. Estaba un poco decepcionada por no haber tenido noticias suyas, pero al menos habíamos estado en contacto.

* * *

Al día siguiente, no tenía ningún mensaje de buenos días, lo que me llevó a plantearme si era buena idea que lo enviase yo. Era cierto que iba contra las nuevas normas que me había autoimpuesto, las cuales estaban dando buenos resultados, pero quería mantener una comunicación diaria. Tras sopesarlo el rato de asearme, dando así una tregua a la esperanza de que tal vez llegase un mensaje suyo, decidí que lo haría. Sí; le enviaría yo los buenos días, no pasaba nada por hacerlo.

«¡Buenos días! ¿Sobreviviste a ayer?». Me gustaba, se veía seguro e ingenioso. Eso sí, usaría mi truco de no estar pendiente, así que puse el móvil en modo silencio y lo guardé en el bolso. Pero aquello no sirvió del todo porque, antes de llegar a la parada del autobús, ya lo había revisado, del mismo modo que lo revisé antes de entrar al trabajo y al poco rato de haber llegado. A medida que pasaban las horas y seguía sin tener respuesta, pasé a tenerlo prácticamente en la mano mientras trabajaba.

No podía entender qué estaba pasando. ¿Por qué no me contestaba? Lo había leído hacía más de dos horas. No debí haberle escrito. Y eso que me había comprometido con la idea de que esa vez, pasara lo que pasase, no me saltaría las normas, que lo haría todo bien para conservar así el control sobre la situación...

En el descanso del mediodía, era incapaz de pegar bocado. Sentía ese nudo desagradable que me provocaba la angustia de pensar que las cosas no iban como debían. Aproveché para caminar y despejar mi mente, porque tampoco quería hablar con ninguna compañera, pero no pude resistir la tentación y saqué el móvil.

Estaba en línea.

Para colmo estaba en línea hablando con vete tú a saber quién; quizás con su cita del viernes, con un nuevo amor. No podía respirar. Salí de nuestro chat de WhatsApp y me senté en un banco a intentar tomar aire con más ahínco.

Bullía en mí la sensación de tener que tomar la iniciativa. Me resultaba insoportable el estar sintiéndome ignorada por él a esas alturas. Tenía que hacer algo. Y lo hice.

«¡Ey! ¿Qué pasa? ¿Todo bien?». Lo envié aun a sabiendas de que era probable que me arrepintiese por haber insistido. Y ahí seguía en línea sin abrir mi mensaje. Una rabia intensa se apoderó de todo mi cuerpo. Total, en cierto modo sentía que estaba todo perdido, así que por qué no dejarme llevar por ella: «OK, ya veo que pasas de mí. (Icono del pulgar hacia arriba)».

Por fin entró a nuestro chat y sentí una exaltación feroz ante su inminente respuesta. ¿Qué iría a contestar? Los segundos resultaban eternos. Era probable que no supiese cómo reaccionar, si excusarse o usar el humor para quitarle hierro al asunto. Pero de un momento a otro dejó de estar en línea y un escalofrío recorrió mi cuerpo.

Nooooo, nooooo, nooooo. ¡Lo había estropeado todo!

Rompí a llorar con rabia, con impotencia, con la frustración inmensa de haber perdido nuevamente el rumbo de la situación. Debería haber esperado a que él me contactase...

Tras quince minutos de llanto, regresé al trabajo un poco más tarde de mi hora de entrada, pero mejor. Me sentía triste, aunque ya no estaba nerviosa; la falta de alimento y el llanto me habían anestesiado un poco. Solo me quedaba digerir que entre Alberto y yo no había nada que hacer. Como una zombi, terminé mi jornada en piloto automático y me fui a casa.

Solo deseaba cruzar la puerta de mi habitación para hundirme tranquila en mi miseria. Pero, al llegar a casa, me encontré con la desagradable sorpresa de una reunión familiar. La felicidad flotaba en el ambiente. En la cocina charlaban de forma animada mis padres, mi tía, Mimi y su novio Raúl, que al verme esbozó una enorme sonrisa.

—Hombre, por fin estamos todos —anunció mi padre.

—Hola, cariño, te estábamos esperando. Raúl y Mimi tienen que darnos una noticia —explicó mi madre, como si no fuese consciente a estas alturas de que una noticia de mi hermana y su novio me importaba bien poco, y más en esos momentos en los que había perdido a mi gran amor.

—Dilo tú —dijo Mimi con esa sonrisa estúpida que ponía cuando algo le provocaba vergüenza, empujando con el codo a Raúl.

—Está bien —accedió, como si de por sí no estuviese encantado de acaparar la atención—. Hemos decidido que, como a Mimi le queda poco para terminar la carrera y con mi nuevo trabajo podemos permitírnoslo, nos vamos a vivir juntos —anunció henchido de orgullo.

Todos parecían entusiasmados con la noticia, mientras que yo sentía que era la guinda amarga del pastel. Mi hermana pequeña independizada antes que yo gracias a su relación con un chico maduro y responsable que estaba enamoradísimo de ella.

—Me voy a mi cuarto. No me encuentro bien, me duele la cabeza —fue lo único que me salió decir.

—Pero, cariño, ¿no le dices nada a tu hermana? —me recriminó mi madre.

—Déjala, mamá —escuché cómo le contestaba Mimi, la cual probablemente sabía que no me alegraba por ella.

Llegué a mi habitación sintiéndome miserable conmigo y con el mundo que me rodeaba. No había nada que me hiciese feliz, absolutamente nada. No me gustaba mi trabajo, prácticamente no tenía amigas, era la oveja negra de mi familia y Alberto no me correspondía a pesar de todos mis esfuerzos. No podía más; sentía que no me quedaban fuerzas para continuar.

Me tumbé en la cama, encendí el portátil y tecleé en Google: «Cómo dejar de ser patética». Para mi sorpresa, no debía de ser la primera persona en realizar esa búsqueda porque obtuve bastantes resultados; desde artículos con recomendaciones en blogs hasta algún que otro vídeo sugerido de YouTube. Viendo vídeos de todo tipo, en algún momento me quedé dormida y mi madre debió de entrar a mi habitación, porque al despertarme durante la noche estaba tapada con la manta y tenía sobre la mesita de noche un trozo del bizcocho que siempre traía mi tía cuando venía de visita.

Fui a apagar el ordenador cuando, de repente, se activó el vídeo que estaba en pausa: «Crees que estás así de mal porque esa persona no te corresponde, pero realmente es porque no paras de atentar contra tu amor propio», decía una mujer al otro lado de la pantalla. Aquellas palabras provocaron un eco extraño en mi interior; tanto que, en vez de apagar el ordenador, lo puse sobre mis piernas y seguí escuchando. La mujer describía exactamente cómo me sentía y lo frustrante que era la relación con Alberto. Por fin alguien parecía poner en palabras lo complejo de mi situación sin subestimar mis emociones. Y tenía razón en algo: no podía seguir sosteniendo esa situación. No importaba cuánto lo amase, debía cambiar mi realidad. Creo que esa misma noche, a pesar de ser de madrugada, vi unos cinco vídeos más y me sentí reflejada en todos. Reconocía mis procesos mentales, mis miedos y ahora también muchos de mis errores a la hora de actuar. Pero ante todo sentí un leve halo de esperanza para cambiar las cosas.

«No te voy a buscar más, Alberto, me cueste lo que me cueste». Ese fue el primer pensamiento que cruzó mi mente al despertar. Y esa mañana, no diré que fui a trabajar contenta porque sería mentir, pero sí me sentía diferente. Necesitaba con desesperación que algo cambiase en mi vida, un alivio. En vez de ir con mis cascos escuchando música, fantaseando con Alberto o pendiente de sus redes, no había revisado nada, ni siquiera releído la charla o el monólogo de la noche anterior; en su lugar escuchaba otro vídeo para reafirmarme en mi nueva actitud.

Tenía que retomar las riendas de mi vida, pero no sabía bien por dónde empezar. Finalmente, decidí dar un pequeño paso para retomar las relaciones que durante los últimos meses se habían estropeado: «Siento no haberme quedado ayer a celebrar con vosotros, pero de verdad que me alegro mucho por ti y también por Raúl. Hacéis muy buena pareja y sé que vais a ser muy felices viviendo juntos».

Seguramente la cara de mi hermana sería un poema al recibir el mensaje, porque no recordaba la última vez que le había dicho algo amable. La verdad era que el compararme con ella me había llevado a sentirme aún peor conmigo misma, por lo que la había evitado en la medida de lo posible. Y sus intentos de ayudarme o mostrar preocupación hacia mí siempre los sentía condescendientes, quizás por ser ella más joven. Pero, si lo pensaba fríamente, no había hecho nada que mereciese mi constante desprecio.

«Me emociona mucho que me digas esto. Significa mucho para mí, gracias. Te quiero, Lía». No me había vuelto a llamar Lía desde que éramos pequeñas. Jamás había pensado que hacer algo por mejorar la relación con mi hermana fuera a hacerme sentir mejor y, sin embargo, así era. Una extraña sensación invadió mi cuerpo al leer su mensaje y entonces recordé lo que había escuchado en uno de los vídeos: «¿Cómo vas a sentirte mejor si constantemente haces lo que no debes? Haz cosas buenas por ti, por tu salud, por tu entorno. Haz lo correcto y sembrarás emociones positivas».

El primer intento había salido bien. Aunque tuve una sensación agridulce al querer contarle a Alberto mis avances. Siempre que me ocurría algo mínimamente reseñable, fuese malo o bueno, me imaginaba contándoselo a él. Luego, en la práctica, terminaba por no contarle ni el 90% de las cosas que le compartía en mi imaginación. Sin darme cuenta, tenía un constante monólogo interno con Alberto que me llevaba a sentirnos mucho más unidos de lo que realmente estábamos. Esto se debía a que, al parecer, nuestra neuroplasticidad no distingue demasiado bien lo vivido de lo imaginado, lo que en el amor evidentemente supone un grave problema. No era nada agradable darse cuenta de que el Alberto de mi imaginación estaría orgulloso del mensaje que le había enviado a Mimi, mientras que el de verdad probablemente ni sabía que tenía una hermana…

Siguiendo con mi nueva filosofía, a mediodía hice un esfuerzo por comer algo, aunque fuese un poco. Tenía que hacerlo por mi salud, por demostrarme a mí misma que me observaba en cada una de mis acciones, que había vida más allá de Alberto.

Por ello, al llegar a casa, elaboré una lista con todas aquellas cosas pequeñas o grandes que podía hacer por mí con el fin de mejorar mi vida:

- Ordenar mi armario.
- Organizar mis muebles según el *feng shui*.
- Renovar mi pasaporte.
- Hacer ejercicio (aunque sea dos veces por semana).
- Llamar a alguna amiga para quedar.
- Volver a estudiar.
- Comprarme un libro y leerlo.
- Dedicar 5 minutos por las mañanas a decirme cosas positivas.
- Salir más a que me dé el sol.

No quise añadir nada más por no abrumarme realizando una lista demasiado ambiciosa.

Decidí pegarla en el espejo de mi habitación para tenerla siempre ante los ojos y así cumplirla. Iría tachando poco a poco las cosas a medida que las consiguiese, por lo que me propuse empezar por algo factible y rápido: mi armario.

Mientras estaba distraída decidiendo si deshacerme de algunas prendas que llevaba tiempo sin usar, algo vibró entre las camisetas; tenía que ser mi móvil. Una agitada excitación ante la idea de que pudiese ser Alberto se apoderó de mí antes de responder.

«¿Se te ha pasado el berrinche?».

¿Por qué me hacía eso? Siempre que tomaba la determinación de aceptar que tenía que asumir que lo nuestro no nos llevaba a ninguna parte, me contactaba. Pero esta vez no iba a ser como las otras; no iba a contestarle como si nada hubiese pasado. Apenas unos días atrás me hubiese reído e incluso disculpado por sobreactuar; le hubiese seguido la corriente en cuanto a aceptar que mi comportamiento había sido desmesurado, invalidando así mis propios sentimientos; hubiese sido capaz de cualquier cosa solo por mantener la comunicación nuevamente a flote... Pero ya no. De seguir las recomendaciones de mis nuevos vídeos al pie de la letra, debería haber ignorado su mensaje o contestarle un simple «No». Y la verdad era que me hubiese gustado ser capaz de escribir algo así, y más aún ver su cara al leerlo, pero no estaba preparada para tanto. Sabía que un cierre no iba a tener el efecto que deseaba por su parte, pero, a pesar de ello, empecé a redactar:

«Siento si ayer fui muy brusca, pero tenía un mal día en el trabajo y la verdad es que me sentí mal al ver que no contestabas mis mensajes. Yo siempre busco tiempo para contestar porque me importas, y cuando no respondes siento que te doy igual y me duele. Quizás queramos cosas diferentes, pero...». Me paré a releer mi mensaje y me di cuenta de que, una vez más, estaba actuando con falta de amor propio. Lo borré y me fui a la habitación de Mimi, que andaba liada con la mudanza.

—¿Te pillo ocupada? —le pregunté.

—No, dime —contestó, sorprendida de verme en su cuarto.

—Necesito que me ayudes a redactar un mensaje, porque yo soy muy blanda.

Puse a Mimi en antecedentes de toda la historia, aun con la vergüenza que sentía al contar algunas cosas. Tras pensar un rato, ayudarme ella a aunar fuerzas para ponerme por fin en mi sitio y ceder ambas en nuestra opción de respuesta, le contestamos:

«No es un berrinche. No me gusta que me ignoren, como es normal. Creo que tenemos intereses distintos, Alberto, así que prefiero dejarlo estar. Gracias por los buenos momentos».

Hiperventilando, recorrí el cuarto de Mimi de arriba abajo sin terminar de dar crédito a lo que acababa de hacer. Le había dicho a Alberto que prefería dejarlo estar, ¿yo?

—Ay, mi madre —musité sin atreverme ni a revisar si ya lo había leído.

—Tranquila, Cel, has hecho lo correcto. Confía en mí. No podíais seguir así. Nunca te iba a valorar si no te tomaba en serio. Respira tranquila, que todo está bien —dijo mi hermana acercándose a mí para darme un abrazo—. No estás sola.

Era increíble que, siendo cuatro años más joven que yo, supiese gestionar tan bien las emociones. Me estaba diciendo exactamente lo que me hacía falta oír. No estaba sola. Me había sentido sola todo ese tiempo; y el estar con Alberto no había cambiado esa circunstancia, sino que más bien la había agravado, porque el no sentirme querida por él me llevaba a no querer hacer nada con otras personas. Había ido dejando de lado a mis pocas amigas, perdiéndolas poco a poco por no quedar nunca con ellas, no interesarme por sus cosas o incluso no responder a sus mensajes.

—Sí me he quedado sola, Mimi; completamente sola —dije y comencé a llorar desconsoladamente mientras me postraba en el suelo.

—De eso nada. Tú no estás sola, me tienes a mí. Yo siempre voy a estar a tu lado, Cel, te lo prometo —respondió, tomándome de la mano.

—Y Alberto no me quiere, no me quiere... Le va a dar igual que yo no quiera verlo más. Pero yo sí lo quiero, sí lo hago. —Me sentí totalmente desestabilizada, como si esa sensación de control que creía estar teniendo se hubiese roto y se estuviese volviendo en mi contra; como si hubiese creído ser más fuerte de lo que era, y ahora estuviese pagando las consecuencias.

—Llora, sácalo todo fuera. Pero, escúchame, no podías seguir así. Hace mucho tiempo que no eres tú, Cel. No te veo feliz, siempre estás triste, siempre encerrada. Tú vales mucho. Eres guapísima, eres lista, eres graciosa... No necesitas pasarlo tan mal por un hombre. Si no te quiere, él se lo pierde. Pero tú necesitas mirar más por ti. Y yo te voy a ayudar en todo lo que pueda. ¿Y si dejamos estas cajas y salimos a despejarnos?

Tras relajarme un poco, me gustó la propuesta de Mimi. Mientras me duchaba para salir, me iba gustando cada vez más la determinación que había tomado. Lo había hecho; por fin me había puesto en mi sitio. Sin duda, de eso debían de hablar los vídeos cuando mencionaban que era importante poder sentirte orgullosa de ti misma. Tenía que encarar la realidad: o le importaba a Alberto o no le importaba. Si le importaba haría algo por no perderme y si no, ¿para qué seguir perdiendo mi tiempo?

—Vamos a ir a dar una vuelta, no llegaremos tarde —anunció Mimi a mis padres.

—Cariño, pellízcame —le pidió a modo de broma mi madre a mi padre, que levantó la vista de unas facturas que estaba repasando.

—¿Vais juntas? —preguntó igual de incrédulo o más que mi madre.

—No sé de qué os sorprendéis tanto —respondió Mimi con cierta guasa.

Mi madre dejó a un lado la espátula con la que estaba removiendo el sofrito y se acercó a la entrada a darnos un beso a ambas; gesto que, aunque no quise reconocerlo, me emocionó bastante. Me había portado muy mal con ella últimamente y ni siquiera me había sentido mal por ello porque estaba demasiado ocupada autocompadeciéndome. Pero como buena madre no me guardaba resentimiento, solo estaba alegre de verme a buenas con mi hermana. Dentro de todos mis malos pensamientos, había llegado a sentir que eran mis enemigos; precisamente ellos, que eran las únicas personas que me querían de verdad.

Fuimos a dar una vuelta y nos sentamos en la terraza de un bar cerca de casa. Mimi me estuvo hablando de las reservas y los miedos que tenía a la hora de irse a vivir con Raúl; temía que la convivencia provocase peleas que hasta el momento no habían tenido.

—Tarde o temprano ibais a terminar dando el paso; así veis lo compatibles que sois. Además, que no pasa nada por pelear un poco. Total, Raúl besa el suelo que pisas.

Lo pensaba realmente. Los novios de Mimi siempre habían estado muy encima de ella, probablemente porque ella iba muy a lo suyo; y yo siempre había admirado esa forma tan independiente que tenía de ser. Aún recordaba a su primer novio llorando a mares al despedirse de ella, después de que hubiera decidido que se iría a pasar el verano entero a Irlanda a un campamento junto con una amiga.

En ese momento llegó la respuesta de Alberto y sus palabras me cayeron como un jarro de agua fría: «No es que te ignore, es que no siempre puedo estar disponible. Pero como quieras».

Me llevé las manos a la cabeza para cubrir con ellas mi cara en un gesto de desesperanza.

—Lo sabía. Sabía que le iba a dar igual.

Me dolía ver esa reacción tan fría y, para colmo, su respuesta me hizo dudar si no habría sacado las cosas del tiesto sin necesidad alguna.

—No le contestes nada. Déjalo, está ofendido porque le has dicho que no lo quieres ver más. ¿Que no siempre puede estar disponible? ¿Quién se cree que es? ¿El presidente del Gobierno? O sea, puede estar horas en línea, pero para contestarte un mensaje tarda un día... Eso sí, para acostarse contigo encuentra el hueco siempre. No seas tonta, Cel. Hazme caso, de verdad. No te pongas mal, has hecho lo que debías hacer. Confía en mí.

Mi hermana me dio fuerzas, pero estas se disiparon cuando me quedé a solas en mi habitación; en medio de la oscuridad volvió esa sensación tan desagradable de sentir que mi mundo se quedaba vacío si Alberto dejaba de formar parte de él. A pesar de ello, sabía que no debía contactarlo. Agarré mi móvil para combatir el insomnio con un vídeo y reforzarme en mis convicciones cuando, por mera costumbre, abrí primero mi Instagram para repasar quién había visto mi última historia, y ahí estaba @apolo13 dándome fuerzas al asomar su hocico en mi pequeño mundo virtual. Por muy enfadado que estuviese o por poco que le hubiese afectado mi retirada, había tenido la curiosidad suficiente para meterse a ver qué hacía. Eran solo un par de fotos con Mimi en las que aparentaba estar bastante más feliz de lo que realmente me sentía, aunque era cierto que había sido un momento bonito. Y había sido real, no una treta de las mías subiendo estados de supuestos planes mientras me quedaba en casa esperando. Mimi había reposteado la historia añadiendo un «te quiero» y un par de corazones de globos flotantes. Jamás reconocería públicamente que este tipo de detalles cursis tan propios de ella me llegaban al corazón —me creía fuerte por no necesitar demostrar mi afecto así—, pero empezaba a entender que era al revés. Mimi tenía la confianza y fuerza en sí misma suficientes como para mostrarse vulnerable, a diferencia de mí, que mostraba una falta de necesidad de afecto que no se correspondía para nada con la realidad. Pero eso iba a cambiar: iba a empezar a ser una nueva yo; una capaz de buscar afecto en las personas que me querían, dejando así de mendigarlo en los lugares erróneos. Iba a ser fuerte. Iba a ser un todo o nada.

Ni siquiera tuve que buscar nada que ver, porque la conclusión a la que había llegado me dio la paz suficiente para quedarme dormida.

* * *

A la mañana siguiente, me desperté temprano con una claridad mental que hacía tiempo que no experimentaba, y había dormido mucho y bien. No negaré que uno de mis primeros pensamientos fue el de recordar con amargura la falta de importancia que le había dado Alberto a mi retirada, pero la ilusión ante la idea de cambiar mi vida pesaba más que la pena de lo que tenía que dejar atrás.

—Quiero volver a estudiar —así lo solté, con mi madre de espaldas al fregadero, limpiando el filtro del café.

—¿Qué? ¿Lo dices en serio, cariño? ¿Quieres retomar tus estudios? —respondió, girándose hacia mí con tal entusiasmo que incluso tenía cierto gesto de locura.

—No, mamá, no quiero retomar nada, quiero estudiar Magisterio. Y antes de que me digas que soy mayor, déjame decirte que tengo algo ahorrado y derecho al desempleo, e incluso podría seguir trabajando a tiempo parcial y...

—¡¡Hazlo!! —me interrumpió con una determinación impropia de ella—. Y no me refiero a lo de tener que trabajar, eso depende de ti. No olvides que nos tienes a nosotros, que te podemos apoyar económicamente en lo que necesites. Yo solo quiero que puedas dedicarte a algo que te haga feliz. Y si es Magisterio, pues que sea Magisterio.

Ese día me dirigí hacia la parada con un ánimo distinto; no iba fantaseando con Alberto, sino con la idea de cómo sería volver a la universidad. Era una sensación agridulce, como cuando te montas en una atracción fuerte y sientes emoción y miedo a partes iguales.

Las siguientes semanas pasaron más rápidas y menos tortuosas de lo que esperaba.

En el trabajo había empezado a ir a comer con mis compañeras, que eran más simpáticas de lo que imaginaba. Involucrarme más con ellas durante la jornada y saber que al cabo de unos meses dejaría el trabajo lo hacía todo más llevadero; eso y haberme apuntado al gimnasio de Alba, con la que ahora me iba la mayoría de los días al salir del trabajo.

En mi tiempo libre, me había dedicado a gestionar mi matrícula y una beca, a ayudar a Mimi con su mudanza y a pasar tiempo de calidad en familia.

No voy a decir que no me acordase de Alberto porque no sería cierto. A veces revisaba sus redes, aun a sabiendas de que no debía, y me emocionaba cuando veía mis historias, del mismo modo que me agobiaba un poco si no lo hacía. De hecho, la segunda semana hubo un momento un tanto crítico, precisamente porque estuvo dos días sin ver mis historias, lo que me llevó a estar un tanto ansiosa, casi como cuando teníamos contacto. Estuve a punto de enviarle un mensaje, pero finalmente resistí haciendo un parón de redes —como se recomendaba en los vídeos— y estuve cuatro días sin entrar a Instagram. Sé que puede parecer poco, pero a mí se me hizo un mundo. Al quinto día, entré nuevamente y no pude evitar compartir la foto de un bizcocho que había preparado con mi madre. En menos de una hora, @apolo13 estaba entre los contactos que habían visto mi estado. «No persigas. Si quieres que te busquen, aléjate», fue lo que me vino a la mente al descubrir que volvía a ver mis historias.

—Tengo un descuento para la pelu, ¿y si lo usas tú? ¿No tienes ganas de un cambio? —me propuso Mimi al terminar de cargar las ultimas cajas hasta su piso.

—Sabes que no necesitas compensarme por ayudarte, ¿no? —respondí en tono burlón.

Fuimos juntas al centro comercial donde se encontraba la peluquería de Mimi. Después de dejarme asesorar por su estilista habitual, y probablemente debido al momento vital de cambio en el que me encontraba, me tiré de pleno a la piscina y, tras más de doce años llevando del pelo por debajo de los hombros, me lo corté a la altura de la barbilla. Eso por delante, dado que por detrás era aún más corto.

—Estás preciosa, Cel. En serio, ese corte con tu tono natural, sin esas puntas desteñidas que se veían un tanto descuidadas, te hace una cara de niña... —decía Mimi mientras merendábamos algo en la cafetería de al lado, y lo hacía con tal entusiasmo que me llevaba a estar feliz con mi elección.

Me saqué un *selfie* y lo subí a Instagram añadiendo: «*New look, new life*».

—Te voy a echar mucho de menos —le confesé a mi hermana.

—Me voy a dos calles, y no vamos a dejar de vernos. Deberías quedarte con mi cuarto, por cambiar —sugirió.

—Pues no es mala idea, y convertir el mío en un vestidor —se me ocurrió mientras revisaba en mi móvil las reacciones ante mi nuevo corte—. ¡No! ¡No te lo vas a creer! —exclamé.

—Alberto —respondió enseguida Mimi, que, a diferencia de mí, no parecía sorprendida.

—¡Sí! —dije mientras releía nuevamente lo que había comentado a mi historia: «Guau, estás increíble».

Sabía que no debía emocionarme, porque perder mi control emocional era entregarle un poder excesivo, pero resultaba casi imposible no venirme arriba.

—¿Le contesto algo, aunque sea «gracias» o un corazón? —consultaba con Mimi a sabiendas de cuál iba a ser su respuesta.

—Ni se te ocurra. ¿Recuerdas que dijiste que te arrepentías de haberte arrastrado tanto por Alberto y que solo volverías a quedar con él si te invitaba a una mariscada? ¿Dónde está la mariscada?

No contestar fue más fácil de lo que esperaba. Me sentía incluso bien, poderosa, aunque solo fuese por una vez. Lo difícil fueron los días siguientes: volví a tenerlo más presente de lo que me gustaba y mi mente se debatía entre «si no contestas no te escribirá nunca más», y preferir no hacerlo por no volver a sentirme lo ansiosa y mal que me sentía cuando iba tras él. Pero mi dilema interno duró menos de lo previsto, porque tan solo unos días más tarde, mientras me arreglaba para salir a tomar algo con Alba y Noelia, me llegó un mensaje de WhatsApp que me dejó de piedra: «Me acuerdo mucho de ti. Se quedó pendiente una película, ¿te apetece ir al cine este fin de semana?».

Me senté en la cama a leerlo nuevamente, porque no podía creerlo. En todos esos meses nunca me había propuesto una cita así. Nuestros encuentros eran el fruto de mis esfuerzos a la hora de ser totalmente flexible a sus propuestas de última hora o de sugerir planes yo en los momentos oportunos que, por pura comodidad, tenían opciones de ser aceptados. Pero un plan como el cine propuesto con tiempo, jamás. Sopesé mucho mi respuesta: una parte de mí temía acceder, por sentir que igual al conseguir lo que quería lo llevaba a perder nuevamente el interés; por otra parte, estaba haciendo las cosas bien, ¿no debía premiarlo por ello? Los vídeos hablaban de coherencia y amor propio. ¿Era coherente plantarme hasta recibir una propuesta de relación o, dado el vínculo previo entre nosotros, bastaba con esperar por su parte que hiciese las cosas bien?

Tras mucho dudar, me decanté por contestar, eso sí, siendo muy clara en lo que quería: «Vale, el sábado. Pero me recoges tú y me invitas a cenar después». Estaba más que dispuesta a renunciar a él si no se mostraba conforme.

«Jajaja. ¡Vale! Te llevaré a un sitio que te va a gustar».

Una sensación cálida me invadió al leer su respuesta, como si mi intuición me dijese que había obrado bien y no tenía nada que temer. Antes apenas prestaba atención a mis emociones —igual porque no me decían nada bueno—, pero los vídeos que veía últimamente aseguraban que nuestro cuerpo tiene más información de la que somos conscientes, así que había decidido hacerles caso.

* * *

Nada más ver a Alberto, se confirmaron mis sospechas: el primer contacto visual que se estableció entre ambos fue suficiente para saber que él estaba impaciente por verme y nervioso con mi llegada.

De pie junto a su coche, tuvo como primera reacción una mueca de alegría tensa, la cual pude reconocer incluso a distancia. Vino directo hacia mí y, por el movimiento extraño de sus brazos, se notaba que no tenía claro cómo debía saludarme.

Yo, por el contrario, estaba extrañamente relajada, como quien contempla la tormenta detrás del cristal de una ventana: la ves, pero no te moja.

—Cuánto tiempo —saludé con una sonrisa para intentar relajar el ambiente.

—Sí —contestó él, sonriendo también mientras dábamos dos pasos hacia su coche, donde se reclinó para abrirme la puerta, con un insólito despliegue de caballerosidad que no había hecho más que empezar.

Tras insistir en dejarme escoger la película, fue a comprar las entradas para ambos. No éramos los mismos; no solo él, yo tampoco. Dos meses atrás no me hubiese sentido merecedora de elegir nada, pues el mero hecho de poder ir al cine con él me hubiese parecido premio suficiente. Y, por supuesto, hubiese hecho hincapié en pagar yo mi entrada, no queriendo suponer ningún gasto, y por lo tanto una molestia para Alberto por vernos. ¡Cuánto había cambiado mi forma de ver las cosas! No se trataba de un tema monetario, sino de sentir que yo no merecía el esfuerzo; y ahora sí sentía merecer ese trato.

Durante la película intercambiamos alguna broma, pero, salvo posarme por unos instantes la mano en la rodilla, no tuvo el coraje de propiciar un acercamiento entre ambos. A ratos, aunque tenía mi mirada fija en la pantalla, podía sentir cómo la suya estaba puesta en mí. Tras terminar la película pensé que cenaríamos en el mismo centro comercial, pero para mi sorpresa había reservado mesa en un restaurante cercano, al que fuimos dando un paseo.

—¿Te ha gustado la película? —fue lo primero que se me ocurrió preguntar.

—Sí. Pero me ha gustado más la compañía —dijo, reforzándome aún más la confusión acerca de quién era y qué había hecho con el Alberto que yo conocía; uno que no soltaba ese tipo de frases un tanto cursis. Y aun a riesgo de sentirme la persona menos coherente del mundo, ese nuevo Alberto que actuaba como siempre había soñado me resultaba un poco menos atractivo. No obstante, me seguía gustando, incluso en su versión nerviosa, insegura y cursilona.

La cena resultó amena. El nuevo Alberto mostraba un interés real en conocerme, y por sus preguntas me daba cuenta de lo poco que sabía realmente de mí hasta la fecha; lo cual no era de extrañar dado que el ochenta por ciento de nuestras conversaciones habían tenido lugar en mi mente. Resultaba curioso también comprobar que no teníamos tantas cosas en común como imaginaba, y averiguar cosas acerca de su vida cotidiana; las cuales eran compartidas por la mayoría de los mundanos mortales. No había duda, @apolo13, el chico más sexi, independiente, intelectual y complejo que pisaba la faz de la tierra se desvanecía ante mis ojos. Pero Alberto, siendo solo él, me gustaba lo suficiente como para, en un momento dado, plantear la pregunta:

—Y dime, ¿cómo te ha dado por invitarme al cine? —Era sutil, puesto que no planteaba mi curiosidad real, que era la de qué había pasado para que de repente se le estuviese cayendo la baba conmigo.

—No sé. Cuando me dijiste que no querías tener trato conmigo me enfadé un poco. Reconozco que me piqué, pero no estaba mal. Sin embargo, después empecé a echarte de menos. La verdad es que pensé que no ibas a querer quedar —explicó, dejándome muy sorprendida con su última apreciación.

—¿Por qué? ¿Creías que estaba enfadada contigo? —indagué.

—No, bueno... También. Cuando te hice el cumplido y no contestaste pensé que igual estabas molesta, pero sobre todo pensé que habías conocido a alguien —dijo, dejándome aún más asombrada con lo que estaba escuchando.

Era cierto que en algún momento había jugado con la idea de hacer alguna treta para darle celos, pero había terminado tan harta de jueguecitos que al final siempre desistía antes de hacer nada. No había dado ni un solo indicio de haber conocido o quedado con alguien. Ni siquiera había subido historias falsas dando a entender salidas desfasadas.

—Pero ¿qué te llevó a pensar eso? —dije con una leve risa por no entender la conclusión a la que había llegado.

—No sé. Parecía que ya no salías de fiesta, apenas publicabas, además se te veía muy feliz y distinta. No sé... Estaba seguro de que en cualquier momento subirías una foto con novio —dijo riendo también, aunque lo estuviese diciendo en serio.

—¿Y te molestaba la idea? —pregunté sin poder reprimir mis ganas de hurgar en el nuevo hallazgo.

—¡Mira que eres mala! Jajaja... Sí, me molestaba bastante, la verdad. Te veía y me sentía un poco tonto por no haber aprovechado la oportunidad —aclaró, dejando a un lado el tono de broma para mirarme del modo en que lo solía hacer justo antes de besarme.

—¿Y ahora qué? —pregunté acortando un poco las distancias, pero no tanto como para darle luz verde.

—¿A qué te refieres? —añadió, arqueando las cejas.

—A que si en esta nueva oportunidad tienes pensado hacer el tonto o aprovecharla.

—Aprovecharla —respondió de manera rotunda.

Me gustó su sinceridad. Unos meses antes, me hubiese muerto por dentro de la emoción de oírlo decir esas palabras y me hubiese acercado para dejar que me besara, como en las películas que tanto me gustaban. Pero entretanto había aprendido a echarle cabeza al corazón y a valorarme; así que, ante su respuesta, me limité a sonreír y me recliné nuevamente un poco hacia atrás antes de decir:

—Me alegra saberlo. Estoy deseando que me lo demuestres.

Preguntas para reflexionar

- ¿Alguna vez te has obsesionado ante la falta de disponibilidad emocional de alguien?

- ¿Cómo crees que nos afecta que nos obsesionemos cuando alguien no está emocionalmente disponible para nosotros?

- ¿Cómo reaccionas cuando una relación o una persona no te responde de la manera en que esperabas emocionalmente? ¿Lo aceptas con naturalidad o te cuesta más dejar ir la relación?

- ¿Consideras que sabes sobrellevar los rechazos en tu vida?

- En tu opinión, ¿es posible que una persona no disponible emocionalmente tenga sus propios problemas internos? ¿Cómo podrías identificar si esta falta de disponibilidad está relacionada con experiencias personales de la otra persona o con la falta de voluntad de estar con alguien en concreto?

- ¿De qué manera crees que la falta de disponibilidad emocional afecta a la construcción de una relación sana y equilibrada?

- Hablemos ahora de las heridas de infancia. ¿Cómo crees que las experiencias de la infancia afectan nuestra forma de relacionarnos en la edad adulta?

- ¿Qué tipo de heridas emocionales o traumas de la infancia podrían tener mayor impacto en nuestra forma de ver las relaciones de pareja?

- ¿Te parece importante sanar las heridas emocionales del pasado antes de empezar una nueva relación? ¿Por qué crees que esto es o no relevante?

- ¿Piensas que algunas personas son más conscientes de las heridas emocionales que otras? ¿Por qué crees que esto sucede y qué consecuencias puede tener en una relación?

Algunas conclusiones...

Las heridas de infancia son aquellos traumas emocionales que ocurren durante los primeros años de vida de una persona, cuando todavía está en proceso de desarrollo psicológico y emocional. Estas heridas pueden ser causadas por una variedad de experiencias, como el abandono emocional, el abuso, la negligencia, el rechazo o la falta de una figura parental afectiva. A pesar de que en la niñez estas experiencias se viven de forma intensa, muchas veces los efectos perduran a lo largo de la vida y afectan profundamente nuestra capacidad para establecer relaciones saludables.

Esas heridas emocionales no siempre son visibles para los demás, y muchas personas pueden ni siquiera ser conscientes de ellas. Sin embargo, las consecuencias de estas heridas son muy reales y pueden manifestarse en la edad adulta a través de patrones de comportamiento que obstaculizan las relaciones interpersonales. Una persona con una herida emocional de la infancia podría desarrollar baja autoestima, una necesidad constante de validación o incluso miedo al rechazo. Este miedo al abandono o al rechazo, por ejemplo, puede llevarle a evitar compromisos o a elegir parejas que, en lugar de ser saludables, sean emocionalmente distantes o incluso tóxicas. Eso ocurre porque, inconscientemente, tienden a elegir parejas que reflejan los mismos problemas emocionales con los que crecieron, como personas emocionalmente inaccesibles o incluso personas que continúan con dichos patrones de abandono o maltrato. Este ciclo de repetición de patrones puede resultar en relaciones destructivas, donde la persona nunca logra experimentar el amor y la aceptación plena que necesita para sanar.

Para poder sanar estas heridas, es fundamental que se reconozcan los síntomas y patrones que las acompañan. El primer paso hacia la curación es la autocomprensión: ser consciente de cómo nuestras experiencias pasadas influyen en nuestras relaciones presentes. Reconocer que esas heridas existen y que no somos responsables de ellas nos permite empezar a liberarnos del dolor que arrastramos desde la infancia. Es importante tener en cuenta que, tras el reconocimiento de estas heridas, suele ser recomendable pedir ayuda profesional para aprender a sanar y liberar el dolor acumulado.

Sanar estas heridas emocionales es clave para poder establecer relaciones saludables y duraderas. Solo cuando una persona ha sanado y ha comprendido su propio valor, puede establecer una relación basada en el respeto mutuo, la confianza y la reciprocidad emocional. Si arrastramos heridas no sanadas, nuestras relaciones afectivas estarán marcadas por la inseguridad, el miedo y la necesidad constante de validación. En este sentido, también es importante recordar que el amor propio y el autocuidado son fundamentales para sanar y crear una base sólida para cualquier relación de pareja.

RELATO 5:

Almas gemelas

No sé si habéis oído hablar de las almas gemelas; yo sí. De hecho, sé que existen. Y lo sé porque hace más de una década encontré a la mía. Me siento afortunada por ello, dado que en un mundo tan grande como el nuestro no siempre es fácil hacerlo. El problema es que no basta con coincidir con tu alma gemela, sino que, una vez que esto ocurre, tu realidad se sacude, como si un terremoto o rayo hubiese incidido en tu vida dejando a su paso grandes obstáculos a superar, y nada vuelve a ser igual. El amor con tu alma gemela trasciende de lo físico a lo espiritual; es un viaje al autoconocimiento, a conectar con tu propósito vital. Con suerte, en la búsqueda se llega a la conexión corpórea de ambas mitades, lo que permite que el alma vuelva a sentirse unida…

—Carlos y Nuria han cortado —le comenté con un entusiasmo indisimulable a Ruth, mi compañera de mesa desde hacía más de cinco años.

—¿Cómo lo sabes? —me preguntó bajando el tono.

—Me lo ha dicho Tamara esta mañana en el baño —le expliqué.

—Se veía venir; ella llega con cara de haber estado llorando la mitad de los días. A ver qué dicen en Recursos Humanos. Con tanto mamoneo, esto más que una empresa de asistencia telefónica parece un bar de alterne.

No le faltaba razón, pero tanto *affaire* laboral no era de extrañar si juntabas en una plantilla a más de cincuenta jóvenes entre veinte y treinta años de diferentes nacionalidades. Había más hormonas en el ambiente que incidencias telefónicas.

—Vosotras sí que sabéis alargar el descanso —nos recriminó Manu al tomar asiento con su fiambrera a nuestro lado.

—¿Otra vez macarrones? Te voy a regalar un libro de cocina. Comes peor que los guiris, todos los días con sus fideos instantáneos —se quejó Ruth, a lo que él reaccionó riéndose para variar.

Manu era el chico con el carácter más afable que existía y mi mejor amigo desde hacía casi cinco años, cuando había entrado a trabajar a Ballysolutions.

—¿Te espero a la salida? —me preguntó tras meterse una cucharada de macarrones en la boca.

—No, hoy cojo el metro —contesté.

—¿Y eso? —respondió sorprendido.

Antes de poder contestarle, se me adelantó Ruth:

—Porque su queridísimo Carlos y Nuria han cortado, así que aquí la amiga va a intentar coincidir con él en el metro y luego lo llamará «destino».

—Oye, dicho así suena ridículo —me quejé, pero no demasiado porque estaba de muy buen humor.

—Blanca, ¿en serio vas a hacer por coincidir? —dijo Manu, dirigiéndose directamente a mí con gesto de desaprobación.

—Qué pesados sois; yo sé lo que me hago —respondí, levantándome para volver a la oficina.

De camino hacia allí, lo vi enfrascado en el trabajo, tan guapo como siempre. La ruptura no parecía estar afectándole demasiado. Normal, porque su destino era terminar conmigo y no con otra, pensé. A diferencia de mí, Carlos no era tan perspicaz ni espiritual. Nada más verlo por primera vez, años atrás, en el instituto, yo había sentido con claridad nuestra conexión; a él le estaba costando más. Eso, sumado a los problemas de logística tan habituales en almas gemelas, obstaculizaba nuestra unión. Pero, a pesar de todo, nuestra historia era de película: el destino había querido que, al poco de conocernos, nos tocase trabajar juntos en un proyecto de clase. La química entre ambos era innegable, aunque por aquella época yo tenía novio y Carlos no buscaba pareja. Aun así, no podíamos evitar que en la amistad que surgió siempre reinase el tonteo en nuestras conversaciones, y en el viaje de fin de curso no pudimos reprimirlo más y nos enrollamos. En aquella ocasión, solo hubo besos. Pero no imaginéis besos como cuando tienes un lío de una noche en un bar. Hablamos de otro nivel, de sentir que flotas; de saber que algo mágico que tenía que terminar pasando estaba ocurriendo. Tras acabar el instituto, nos perdimos la pista unos años hasta que coincidimos nuevamente una noche de fiesta.

Una cosa que aún no he explicado es que, aunque te alejes de tu alma gemela, la vida siempre hace por volver a juntaros, así que esa noche sí pasó lo que tenía que pasar al completo. En el reencuentro se juntaron nuestros cuerpos, dando pie a la que fue la noche más mágica de mi vida. Por aquel entonces yo ya no tenía novio, pero Carlos estaba a punto de marcharse un año al extranjero, concretamente a Dublín, para practicar su inglés. Nuevamente la vida nos ponía a prueba. Esa época de mi vida fue dura porque fuimos perdiendo la comunicación y eso me llevó a dudar de si algún día lograríamos estar juntos; pero mis temores se despejaron cuando, un año y medio más tarde, Carlos me contactó para saber cómo estaba y proponerme trabajo. En su empresa buscaban gente joven, o eso dijo. Yo estaba convencida de que era un pretexto para verme, y reconozco que fue un duro golpe enterarme a la semana de trabajo de la existencia de Nuria; la muy harpía había empezado a trabajar poco antes que yo y no había malgastado el tiempo, porque ya estaba saliendo con Carlos.

Pero por fin había llegado el día; nuestra tan ansiada oportunidad. Con Nuria fuera de la ecuación y yo soltera, nada ni nadie se interponía en nuestro camino.

El reloj digital de la parada marcaba las 19:00. Solo quedaban cuatro minutos para la llegada del tren cuando lo vi pisar el andén. Me levanté del banco y alcé el brazo para saludarlo. Todo estaba saliendo como había planeado. Aprovecharía el trayecto para preguntarle por su vida, él me hablaría de la ruptura, yo le propondría ir a tomar algo para consolarlo y, antes de darnos cuenta, estaríamos uno en los brazos del otro. Tuve que gritar su nombre un par de veces, porque se ve que andaba algo disperso, cuando por fin me vio y se dirigió también hacia mí. Nos disponíamos a subir juntos al vagón cuando escuchamos a alguien más que también gritaba su nombre. Era Nuria, la cual, roja del sofoco por venir corriendo, nos alcanzó justo a punto de subir.

—Carlos, ¿podemos hablar un momento? —le pidió, dirigiéndose a él como si yo no estuviese presente.

—No creo que sea buena idea —contestó él, pero sin avanzar. ¿A qué esperaba? Solo tenía que decirle adiós y montarse en el tren conmigo, con su destino.

—Por favor —insistió Nuria con tono suplicante.

Tras eso, Carlos me hizo un gesto vago con la mano para despedirse, y se alejó con Nuria hacia la salida de la estación. Por suerte para mí, no tuve que quedarme mucho más rato como un pasmarote contemplando la escena, porque las puertas del vagón se cerraron tras el pitido habitual para abandonar la estación. Una vez más, la vida ponía a prueba nuestra unión; por suerte, tenía la certeza de que un vínculo invisible e indivisible sellaba nuestras existencias.

* * *

—Parece que dos que yo me sé han vuelto, viendo las mesas que están vacías —comentó Ruth en tono jocoso, como si la situación fuese graciosa.

Aquel era uno de esos días en los que no tenía ganas de creer en el destino, sino más bien de cagarme en él. Encima nos tocaba trabajar más al resto porque Carlos y Nuria estaban convenientemente enfermos; la clásica enfermedad de retozar en la cama como tortolitos tras una reconciliación. Qué ganas de terminar y volver a casa.

—Manu, te espero hoy donde siempre. Me queda poco para terminar este asqueroso día —dije. Gracias a que al menos tenía la suerte de poder desahogarme con mis amigos.

—Lo siento, pero hoy no puedo acercarte —dijo sin dar más explicaciones acerca de por qué no podía, y se fue.

—¿Qué mosca le ha picado a este? —comentó Ruth, a quien el comportamiento de Manu también le había llamado la atención.

—No sé —respondí mientras me compadecía de mí misma, porque encima de todos mis males debía volver a casa haciendo uso del transporte público.

Y ahí estaba en la misma estación, que parecía un lugar diferente. Hacía solo veinticuatro horas aguardaba con mariposas en el estómago la llegada al andén de Carlos. Aquel día, por el contrario, esperaba sentada encorvada sobre la pantalla de mi móvil al saber que no lo veía. Odiaba a Nuria con todo mi ser. Era la clásica mosquita muerta a la que todo le salía bien, con esa voz de pito y de no haber roto un plato en su vida y esa apariencia tan cuidada, como si llevar el pelo y el maquillaje perfectos y vestir siempre con las últimas tendencias fuese fácil; todo ello aderezado con un aire de falsa modestia que la hacía aún más despreciable.

«Pues a mí me parece maja», había dicho un día Manu; y tenía que admitir que ese era el único comentario de mi amigo que me había sentado mal desde que nos conocíamos, ya que era imposible enfadarse con él por nada. Al pensar en Manu, me pregunté qué estaría haciendo para no haberme podido acercar a casa.

«Qué rápido te has pirado hoy. ¿A dónde ibas?», le escribí.

La verdad es que hubiese estado más a gusto yendo en su coche; seguro que hubiese puesto alguna de esas canciones raras que solo le gustaban a él pero que, tras escucharlas la decimoquinta vez, empiezan a tener su punto. Hubiésemos podido comprar algo de comida rápida por el camino —una hamburguesa o, mejor, unos tacos y nachos con mucha salsa picante— y haber parado en el mirador o el parque a comer y despotricar acerca de la vida. Con él todo parecía menos triste, porque era el niño de la sonrisa perenne. No entendía cómo alguien siempre podía estar de buen humor.

Los que sí parecían entender acerca de ello eran Nuria y Carlos, que al día siguiente se dignaron a volver a congraciarnos con su presencia y, por el semblante alegre y lozano que traían, no parecían venir de hacerle frente a un virus estomacal. No podía soportarlo; eran demasiados años ya confiando en que mi momento con Carlos llegaría. ¿Acaso no se daban cuenta de que sus idas y venidas no les afectaban solo a ellos? Me levanté de mi mesa con la excusa de ir al baño para despejarme un poco. En el pasillo me topé con Manu, que estaba extrañamente serio y cruzó con prisa, saludándome solo con un gesto escueto, lo que me llevó a caer en la cuenta de que el día anterior no había contestado a mi wasap; algo debía de pasarle.

* * *

—¿Dónde está Manu? —pregunté en el descanso del mediodía al llegar a la mesa y ver solo a Ruth, Tamara y Diego.

—Creo que está sentado con los italianos —contestó Tamara.

A veces Manu comía con Federico, un chico muy simpático de Milán que disfrutaba practicando su español. Normalmente me daba igual, pero justo ese día me resultaba muy poco conveniente, porque quería haberle preguntado qué le pasaba. Para más inri, el almuerzo se volvió aún más divertido cuando Carlos y Nuria decidieron honrarnos con su presencia, no solo en la oficina, sino también en la mesa de los españoles para almorzar.

—Por ahí llegan los Carnudos —anunció Ruth, que los vio llegar primero, al estar yo de espaldas. El apelativo era un invento de ella, bastante ingenioso, por cierto, porque combinaba sus nombres haciendo un guiño al hecho de que sospechábamos que Nuria era una cornuda.

—Qué guapa estás hoy —me saludó Nuria. Al parecer, a diferencia del día de la estación, ya no era invisible a sus ojos.

—Gracias —contesté con una sonrisa de lo más falsa.

De ser cualquier otra hubiese añadido: «Tú también»; porque además era cierto —su cutis tenía el brillo clásico de una reconciliación bien consumada—, pero no iba a ser yo quien le hiciese un cumplido.

—¿Y qué, pareja, cómo andamos? ¿Ya recuperados? —dijo Ruth, haciendo una vez más alarde de no tener pelos en la lengua.

—Sí, aunque tenemos algo que anunciar —respondió Carlos, provocando que mi intuición no vaticinase nada bueno.

—¡Estoy embarazada! —gritó Nuria, acompañando la noticia con una risita estúpida y cara de emoción.

—¡¿Qué?! —exclamé como un reflejo incontrolable, por no poder dar crédito a lo que acababa de escuchar. Por suerte para mí, los demás reaccionaron de un modo mucho más correcto y esperado, enmascarando así mi reacción de asombro y desaprobación.

—¡Enhorabuena! —los felicitó Tamara, yendo rauda a darle dos besos a Nuria.

—*What are we celebrating?* —preguntó Mikel, que junto con Tom y Diana se acercaron de su mesa a la nuestra al ver el revuelo.

Pero no fueron los únicos. En pocos minutos, media oficina estaba felicitando a los futuros papás. Entre otros, también se acercaron Manu y Federico. Al verlos aparecer, busqué con ahínco la mirada cómplice de Manu como apoyo ante el despropósito que me estaba tocando vivir, pero no me la devolvió en ningún momento.

Di un par de bocados a mi comida, los cuales se me atragantaron, solo con el fin de disimular, antes de disculparme con la excusa de tener trabajo pendiente y así poder alejarme de una estampa que me resultaba insoportable. Una vez a solas en el servicio, por fin pude dar rienda suelta a lo que estaba sintiendo; o eso intentaba, porque el estado de *shock* ante la noticia no permitía que me saliese ni una lágrima. Eso sí, se me descompuso el estómago, por lo que entré al baño. Por desgracia, cuando iba a aprovechar la tranquilidad de estar sola para quedarme a gusto, alguien entró justo en la cabina de al lado. Decidí quedarme en silencio y confiar en que solo hiciese un pis rápido y se marchase cuando algo inesperado ocurrió: la chica que había entrado al váter contiguo empezó a llorar de un modo fuerte y desconsolado; era un llanto compungido, de los que apenas te dejan tomar aire entre sollozos.

¿Qué podía hacer? ¿Debía preguntar si se encontraba bien o era mejor marcharme sin más aprovechando que no me había visto? Rápidamente, me subí los pantalones y abrí la puerta con intención de marcharme cuando, sin esperarlo, también se abrió la puerta junto a mí y, para mi sorpresa, la que salió aún llorando y con el rímel corrido era Tamara.

—¿Qué te ocurre? —le pregunté muy sorprendida, dado que hacía solo unos instantes en la mesa aparentaba estar perfectamente.

—¡Soy una idiota! —exclamó llorando, y se lanzó a mis brazos—. Creía que le importaba, lo creía de verdad —se lamentaba en un lenguaje casi inentendible por los sollozos.

—Pero ¿qué ha pasado? ¿A quién no le importas? —pregunté nuevamente sin entender nada.

—A Carlos —contestó balbuceante.

—¿Cómo? —Eso sí lo entendí, aunque no lo procesé. Retirándola de mi pecho para entenderla mejor al hablar, la miré a los ojos y dije—: ¿Has dicho Carlos? ¿Nuestro Carlos de la oficina? ¿*Mi* Carlos?

—Sí, Carlos. Prométeme que esto no va a salir de aquí —me pidió Tamara, quien, tras verme asentir enérgica, me contó algo que no esperaba para nada.

Al parecer, Carlos y ella tenían una aventura desde hacía algo más de medio año; ese era el motivo principal por el que Carlos había dejado a Nuria, lo cual también le daba sentido a que Tamara estuviese al corriente con tanta brevedad. Pero el día anterior él le había mandado un mensaje dejándole saber que la historia tenía que terminar, y le había hecho pasar el mal rato de enterarse del asunto del embarazo a la par que el resto de la oficina.

—Menudo cabrón —espeté desde lo más profundo de mis entrañas.

—Sí, lo es. Siento no haberte dicho nada, porque sé que a ti también te gustaba, pero él me pidió guardarlo en secreto. Y lo vuestro era más una tontería del instituto, ¿verdad?

«Una tontería del instituto». «Una tontería del instituto» era el resumen hecho frase de mis sentimientos durante la última década de mi vida... El chico al que consideraba mi alma gemela iba a ser padre con otra y, de no haber sido ese el caso, estaría saliendo con otra compañera. Nuria no era el obstáculo, ni la vida, ni el destino de los cojones. El obstáculo era yo o, mejor dicho, las pocas ganas que tenía él de estar conmigo. Se cruzaban por mi mente, como en una película, todos aquellos momentos que me habían llevado a creer que lo nuestro era especial: las charlas cuando coincidíamos en el metro, las veces que nos habíamos ido a tomar un café o una caña, o aquella cena de empresa de Navidad en la que me había abrazado fuerte y me había dicho: «Eres muy importante para mí». Pero en el fondo no era nada, solo el recuerdo de una tontería del instituto...

Yendo hacia mi mesa, tuve una sensación extraña en la cabeza; andaba como aturdida por no ser capaz de procesar la información. Era tan abrumador enterarme de todo aquello de golpe que no era capaz de sentir nada. No me dolía porque aún no era capaz de creerlo. De pronto, volví a cruzarme con Manu.

—¿Te puedes creer todo esto? Pues vas a alucinar cuando te diga lo que me ha contado Tamara hace un momento —le dije tan normal, olvidando, ante la importancia de lo que estaba aconteciendo, que llevaba un par de días raro.

—No sé, no me parece tan extraño que después de tantos años juntos vayan a tener un bebé. Me voy, que llevo prisa —contestó con un semblante hasta entonces desconocido para mí. No era mi Manu. Su rostro no reflejaba su expresividad habitual ni su voz tenía el timbre de siempre. ¿Dónde estaba su sonrisa?

—¡Manu, ¿te pasa algo?! —le grité al ver que se alejaba sin más, dejándome plantada como un pasmarote.

—No —contestó, y siguió andando.

Salí corriendo y lo agarré del brazo para que se detuviese.

—¿Cómo que no? Y entonces... ¿por qué estás tan idiota conmigo? ¿Te das cuenta de lo que me acaba de pasar? Carlos, *mi* Carlos, ha anunciado delante de todos que...

—Es que ese es el problema... —me interrumpió elevando la voz, pero tras ver que los de las mesas más cercanas se habían girado hacia nosotros prosiguió más bajo—: No es tu Carlos, es el novio de Nuria. Y no es siempre lo que a ti te está pasando, porque, aunque tú creas que sí, no eres el ombligo del mundo, Blanca.

Sus palabras me dejaron petrificada. No sabía qué decir y noté cómo se formaba un nudo en mi garganta y mis ojos se volvían vidriosos.

—No, por favor, no llores. Ven —dijo Manu, y me tomó de la mano para ir a la primera salida que daba al balcón usado por los fumadores, donde por suerte no había nadie.

—¿Qué te pasa, Manu? ¿Por qué estás tan enfadado conmigo? —le pregunté llorando por toda la tensión ante lo que estaba ocurriendo. Aquello parecía más una pesadilla que la realidad.

—Cálmate, por favor, siento haber sido tan brusco —se disculpó—. Pero ¿de verdad no sabes qué me pasa? —me preguntó con una mirada entre incrédula y suplicante, como invitándome a ser valiente y confesar algo.

—Te juro que no, Manu. Sé que estás raro. Tenía pensado preguntarte, pero no sé qué te he hecho, la verdad —contesté de manera totalmente sincera, provocando en él un gesto de absoluta decepción ante mi respuesta.

—Vaya... —dijo, y se llevó ambas manos a la cabeza, esbozando una sonrisa extraña que parecía más bien una mueca cínica—. Creo que nunca me he sentido tan imbécil —añadió.

—Pero ¿qué te pasa? ¿Qué he hecho? —pregunté nuevamente con desesperación.

—Si no lo sabes, prefiero no decírtelo, la verdad. Lo siento, Blanca, pero me voy —dijo, marchándose muy firme.

Me quedé ahí quieta, reflexionando acerca de qué había hecho para provocarle semejante decepción cuando apareció Ruth, que salía a vapear.

—¿Qué haces aquí? —dijo sorprendida, dado que yo no fumaba—. ¿Estás bien? Después de anunciar Carlos lo del bombazo, quería preguntarte qué tal, pero no te he visto.

—Sí... Bueno, no. Pero no es solo eso. Es Manu. Está enfadado conmigo y no me dice por qué —expliqué.

—Bueno, yo creo que lo del otro día le sentó bastante mal; lo de que fueras a buscar a Carlos al tren. Ya se le pasará —comentó Ruth, quitándole hierro al asunto.

—¿Por qué le tiene que sentar eso mal? —pregunté perpleja ante su explicación.

—Hombre, pues porque es evidente que a Manu le gustas. Mucho, diría yo —respondió muy rotunda.

—¿Cómo? —contesté sorprendida.

A ver, era cierto que intuía que Manu podía sentirse atraído por mí; fea no le parecía. Al igual que sabía que se prestaba a hacerme cualquier favor, pero Manu era así: alegre, buena persona, buen compañero, y a ambos nos gustaba pasar tiempo juntos. Pero de ahí a gustarle...

—Blanca, veng... Tú lo sabes. Lleva pillado por ti desde el principio. Estará harto de pasarlo mal. Si es lo que quiere, deberías darle espacio para que lo pueda superar.

De todas las cosas surrealistas que estaban ocurriendo ese día, sin duda esta se llevaba la palma. ¿Que Manu lo estaba pasando mal por mí? ¿Espacio para poder superar sus sentimientos hacia mí? ¿Y en qué momento todo el mundo se había enterado de ello menos yo?

Aquello era demasiado, así que fui a recoger mi bolso y me inventé que me encontraba mal para poder marcharme a casa. Sentía que los acontecimientos del día llegaban al punto de comprometer mi propia identidad a la hora de asimilarlos. Mis creencias en la vida se tambaleaban. Mi mejor amigo no era solo un amigo, sino que soñaba en silencio con un mañana conmigo, del mismo modo que yo lo había estado haciendo con Carlos, al cual también sentía que ya no conocía de nada. Mi Carlos jamás hubiese tenido una aventura con nadie, y menos en la propia oficina en la que trabajaba su pareja. Yo, a pesar de mis sentimientos, siempre había mantenido una línea de respeto; una que a él le era ajena.

* * *

Los siguientes días se respiraba un ambiente extraño en la oficina, en especial en el grupo de los españoles, que ya de grupo tenía poco. Se notaba que entre Carlos y Nuria la situación andaba tensa, a pesar de sus esfuerzos por aparentar lo contrario. Tamara se movía esquiva en todo momento ante la presencia de Carlos, del mismo modo que Manu lo era conmigo. Yo había optado por llevarme un libro y en el descanso almorzar directamente en mi mesa. Eso y explorar otras opciones de trabajo. Echaba de menos a Manu, pero también estaba enfadada con él porque, aunque sonara muy egoísta, sentía que sus sentimientos lo complicaban todo en el peor momento posible para mí. Si según Ruth sentía algo por mí desde el principio, ¿por qué motivo plantarse ahora? Vale, estaba sufriendo, pero ¿y yo? ¿Acaso yo no lo estaba? Y necesitaba a mi amigo. Echaba de menos poder refugiarme en él. Estar con ese Manu que me hacía sentir que yo era la mejor y, si Carlos no lo veía, era porque era un imbécil; ese Manu capaz de hacerme reír incluso en mis momentos más tristes; esa sonrisa suya, que siempre me hacía sentir que todo estaba bien; ese abrazo seguro y cálido que me hacía sentir cuidada cuando más lo necesitaba... Me había dejado sin todo eso, a sabiendas de mi malestar; eso no era amor. Si tanto me quería, debería haber estado para mí en ese momento. Era un mal amigo y eso me enfadaba.

Con el transcurso de los días, sin embargo, el enfado se fue disipando y creció en mí el hecho de extrañar nuestras tonterías. No me había dado cuenta de todo lo que hacía Manu por mí hasta entonces. Algunas cosas eran detalles tontos, como traerme un café con sobre y medio de azúcar, justo la cantidad exacta para que la bebida estuviese rica; otras ya las daba por hecho de tan frecuentes que eran, como el llevarme a casa, traer un paraguas de más los días que llovía, recordarme cuándo había reunión u ordenar mis carpetas, dejándome siempre algún pósit sorpresa con alguna frase suya y mía.

No es que yo no tuviese detalles con él, pero sin duda él tenía más conmigo. Era una amistad especial, por tanto, era normal que lo extrañase, pero no podía hacer nada al respecto. No podía cambiar mis sentimientos, los cuales, a pesar de todo, seguían puestos en Carlos.

* * *

—¿Te parece si salimos a comer hoy fuera? —me propuso Carlos, que se había detenido a mi lado, sin que me diera cuenta, porque andaba enfrascada en mi libro frente a mi mesa.

Aunque no entendí a qué se debía esa propuesta repentina, ni sabía qué iba a parecerle a Nuria, accedí.

—Era todo mentira. Una simple maniobra para disuadirme de dejarla, ¿te lo puedes creer? —espetó nada más tomar asiento en el bar frente al trabajo y pedir el menú del día.

—¿Estás hablando de Nuria? —me aseguré, pues teniendo constancia de sus nuevas conquistas, a saber...

—Claro, del bebé. Todo mentira. Mira que mi intuición me decía que olía a chamusquina. Lo de estar embarazada justo cuando la quería dejar era demasiado oportuno, aunque me enseñó una eco y todo... —comenzó a contarme muy indignado.

—¿Entonces no está embarazada? —pregunté sorprendida.

—¡Qué va! Sacaría la eco de internet o vete tú a saber.

—¿Y cómo te has enterado? —quise averiguar, curiosa.

—Porque le pillé unos wasaps con una amiga. Su plan era quedarse embarazada ahora. Y yo que se lo había contado incluso a mi madre... Qué locura. Bueno, y encima se lo hemos contado a toda la oficina, dejándome ahora de imbécil. Yo le he dicho que digamos que ha tenido un aborto, por darle una salida más digna para ambos. Pero, vaya, yo aquí no me quedo. Ya he hablado con Recursos Humanos y he pedido un cambio a la oficina nueva que van a abrir. No me importa mudarme de piso si es necesario —comentó, dejándome sin saber bien qué decir.

En cualquier otro momento me hubiese invadido una pena inmensa y hubiese hecho todo lo posible por disuadirlo, pero me sentía tan decepcionada ante los últimos acontecimientos que no estaba por la labor de intentar convencerlo de nada.

—¿Te vienes conmigo? —me propuso, dejándome a cuadros.

—¿Yo? —pregunté sorprendida.

—Sí, como en los viejos tiempos: tú y yo en un sitio nuevo. Puede ser emocionante —explicó, y al fin comprendí cuál había sido la finalidad de invitarme a comer.

—Y... ¿qué pasa con Tamara? —Sabía que estaba traicionando su confianza, pero ¿hasta qué punto traicionar la confianza que deposita en ti alguien al que no le importa ser desleal era un acto que castigar?

Carlos cambió rápidamente el semblante; se notaba que mi pregunta le había pillado fuera de juego.

—¿Qué sabes? —preguntó, antes de decidir por dónde tirar en la explicación.

—Todo —contesté con rotundidad.

—Fue un error. Me pilló mal con Nuria y me buscaba mucho, pero no tengo ningún interés en seguir con esa historia. Como mucho es otro motivo por el que quiero irme de la oficina. Por ella, por Nuria y alguno que otro más. Sinceramente, la única que me importa de aquí eres tú.

Y ahí estaba, una de esas frases muy típicas de Carlos que hacían que me sintiese realmente importante en su vida.

—A ver, yo también necesito un cambio de aires. Si te soy sincera, estaba mirando otras opciones, pero necesito pensarlo —le dije, porque no sabía si un cambio que incluyese nuevamente a Carlos era lo que necesitaba.

—Tranquila, pero tendría que saberlo la semana que viene —aclaró él.

—¿Y eso? —me interesé.

—Porque para el cambio tengo que juntar a dos personas más. Mikel quiere cambiar, y si tú no quieres tendría que buscar a otra persona. Pero a mí me gustaría de verdad que fueses tú

—me explicó, y esta nueva información me llevó a dudar de sus intenciones reales. ¿Era tan especial para él como decía o solo alguien que sabía que era fácil de convencer?

Tras pensarlo unos días y dejar que aquella frase de Carlos —«la única que me importa de aquí eres tú»— floreciese en mi mente como un rosal en primavera, le comuniqué que aceptaba la oferta.

—Qué alegría me das —dijo, acompañando la reacción con un abrazo.

Los que no sabía si se iban a alegrar tanto eran el resto de mis compañeros.

Decidí compartir la noticia en el almuerzo. Aunque estuve a punto de cambiar de opinión al ver llegar a Manu, que por fin volvía a nuestra mesa, al igual que yo; se había sentado en la otra punta, pero era un acercamiento. Se veía algo triste, e igual un poco más delgado. La realidad era que desde el almuerzo con Carlos no había vuelto a pensar en él de la misma manera que los días anteriores. Sí que me había acordado de él, y sobre todo echaba de menos poder consensuar con él una decisión tan importante como era esa, pero ya no sentía la necesidad imperiosa de solucionar las cosas, porque fantaseaba con que por fin me esperaba ese futuro que llevaba tantos años aguardando.

—Chicos, tengo algo que contaros —dije, mirando en especial a Ruth, que estaba frente a mí, aunque podía sentir la mirada de Manu posada en mí, tras mucho tiempo tratándome como si fuese aire—. Me voy a la oficina nueva —anuncié sin paños calientes.

—¿Qué? ¿Y eso? —preguntó mi compañera.

—Voy con un grupo de iniciación. Vamos Mikel, Carlos y yo —expliqué.

En cuanto mencioné a Carlos, y sin esfuerzo alguno por disimular su descontento, Manu se levantó de la mesa y se fue. Me ofendía que me tratase con tal grado de desprecio; una cosa era que ya no quisiese mi amistad, pero no iba a permitirle hacerme ese tipo de desplantes delante de todos. Salí tras él a toda velocidad, escaleras abajo.

—¿En serio te vas? ¿Tanto asco me tienes? —le recriminé enfadada.

Cuando se dio la vuelta, me quedé blanca al ver su cara. Estaba encendido; jamás lo había visto así. Una lágrima que se enjugó rápidamente le cayó por la comisura del ojo.

—¿Asco? Yo no te tengo asco, Blanca. Yo lo que te tengo es pena. Pena de ti, que siendo la chica más increíble que he conocido en mi vida, vas como una boba detrás de un cretino que solo se aprovecha de ti. Y pena de mí, por no haber logrado en este tiempo que me veas como algo más que un buen amigo. Y pena por haber estado tan ciego que no he querido aceptar que es así. Que por mucho que yo te quiera, y mira que te quiero, tú no ves lo mismo en mí que yo veo en ti.

Como pegada al suelo, contemplaba inmóvil y por enésima vez en las últimas semanas a un Manu que no conocía. Ese timbre duro en su voz y esa manera directa y fría de mirarme a los ojos, acompañadas de las palabras más cargadas de amor que me habían dicho, me dejaron fuera de juego.

—Nunca he querido hacerte daño. Y también te quiero, aunque quizás no del modo que tú esperas que lo haga. Pero me gustaría tenerte en mi vida. De hecho, estos días te he echado mucho de menos y...

—¡Para! No sigas... —me interrumpió—. Si tú quieres ir detrás de Carlos es cosa tuya, pero no pretendas que yo siga detrás de ti. Que te vaya muy bien, Blanca. Y ojalá seas feliz con lo que has decidido.

Dicho esto, se marchó, provocando que se formase en mi garganta una bola gigante que no me dejaba respirar.

Pero la pena por perder a Manu pronto quedó sepultada por la emoción de una vida junto a Carlos. Esos primeros días en la oficina nueva, casi tenía la sensación de que éramos pareja. Íbamos y volvíamos juntos, nos sentábamos mesa con mesa, almorzábamos a la vez... y, aunque Carlos muy pronto desplegó ese encanto tan carismático suyo que hacía que los demás se interesasen por él, siempre estaba pendiente de introducirme en la parte social para que no me sintiese excluida. Así que, aunque ponía muy en duda que el deseo final de Manu de que fuese feliz con mi elección fuera sincero, la verdad era que por el momento lo estaba siendo.

En la nueva oficina el ambiente era, si cabía, aún más internacional. Muchos compañeros habían llegado a España por la oferta laboral y aún no sabían ni una palabra de español; por ello, Carlos y yo éramos populares ya que todos querían practicar con nosotros. Ese fue el motivo por el cual Carlos sugirió, a finales de la tercera semana, que ese viernes fuéramos todos juntos a tomar algo y practicar. La idea entusiasmó a Chloe, una parisina bastante atractiva que no solo no hablaba español, sino que su inglés era macarrónico. No me gustaba con qué ojitos miraba a Carlos, aunque no me preocupaba del todo, dado que había dejado claro que tenía una relación a distancia y que su novia iría pronto a visitarla. De hecho, me sentí un poco mal al ver lo amable que me recibió el viernes por la tarde al llegar al bar.

—*Wow, you look fantastic!* —exclamó con entusiasmo.

—En español —la tradujo Carlos—. «Estás muy guapa».

—¿Lo estoy? —aproveché para preguntarle a modo de broma.

Me había salido bastante de mi zona de confort con el atuendo, tanto en la parte visible como en la que no lo era, con la esperanza de que esa noche surgiera un acercamiento físico entre Carlos y yo.

Pero la velada fue poco a poco yendo por un derrotero inesperado. Muchos de los que habían confirmado asistir escribieron en el grupo de WhatsApp con excusas poco creíbles de última hora, por lo que terminamos pasando de la mesa grande de doce que habíamos reservado a una pequeña de cinco. Estaba incómoda por tener que esforzarme en entender a Jürgen, un alemán orgulloso de haber realizado su curso de español antes de mudarse y cuyo entusiasmo me impedía estar pendiente de Carlos y Chloe, que reía cada vez más fuerte y parecía tener menos presente a su novia. En un momento dado, intenté conducir la charla sugiriendo que sería bueno ir concluyendo la reunión y proseguir en otra ocasión. Mi idea era que, al ir Carlos y yo para casa, si no salía de él, sería yo quien le propondría tomar la última los dos solos. Pero la cosa se torció estrepitosamente cuando Chloe comentó que se sentía un tanto mareada y Carlos se ofreció a acompañarla a casa.

—Voy con vosotros —sugerí rauda al ver que iban a irse juntos.

—No te preocupes —dijo Carlos—. Se nota que estás cansada. Vete con Jürgen y Lars, que además van en la misma dirección —propuso.

—Claro, no *problemo* —añadió Jürgen de lo más sonriente.

—Es que me preocupa Chloe —dije en un intento desesperado de que la noche no acabase de esa manera.

—Tranquila —dijo Carlos, pasando el brazo de Chloe por encima de su hombro, y el suyo alrededor de la cintura de ella—. Me encargaré de que llegue sana y salva.

Chloe reaccionó con una carcajada, y ambos se fueron como una parejita sin que yo pudiese hacer nada al respecto.

* * *

Durante el fin de semana, mi intuición me decía: «Lo ha vuelto a hacer. Se ha ido a por otra que no eres tú», pero intentaba acallarla con argumentos como que Chloe iba borracha y que Carlos no se aprovecharía de una compañera que fuese perjudicada, por no hablar de que ella tenía pareja.

Pero el lunes los indicios no paraban de flotar en el ambiente. De camino a la oficina, Carlos iba intercambiando mensajes con alguien, y tuve que hacer un gran esfuerzo por morderme la lengua y no preguntar de quién se trataba. Al llegar al trabajo, las miradas entre ambos y el coqueteo resultaban tan evidentes que me revelaron quién era la emisora. Chloe desprendía una energía distinta, liberada y relajada; la clásica que una desprende después de un fin de semana fogoso.

—Hoy me vuelvo por mi cuenta. Voy a acompañar a Chloe a ver un piso, por si el de la inmobiliaria no habla francés —me contó Carlos, que hacía por guardar la compostura algo más que ella.

—¿Te la estás follando? —Las palabras salieron de mi boca catapultadas por un impulso superior al de quedar bien: la rabia de sentirme tan tonta.

—¿Cómo dices? —preguntó Carlos, que no terminaba de asimilar la claridad de mi pregunta.

—Pregunto que si te la estás follando. A Chloe, digo. Igual quieres ir a ver el piso porque tienes pensado ir a menudo —repetí, elevando un poco el tono.

—Pero ¿qué mosca te ha picado? ¿Quieres bajar la voz, por favor? ¿A qué viene esa pregunta? —fue la reacción de un Carlos atónito ante mi actitud, y el cual seguía evadiendo contestar lo planteado. Pero no importaba, lo conocía más que suficiente para haberme dado la respuesta que necesitaba con su reacción.

—Eres un sinvergüenza, y no solo eso. Eres la decepción más grande de mi vida.

Agarré mis cosas de la mesa, mi bolso y me fui sin tener nada claro con quién estaba más enfadada y decepcionada, si con él o conmigo. Conocía lo suficientemente bien a Carlos como para saber quién era; lo que había hecho no era impropio de él. De hecho, resultaba hasta previsible. Era yo la que había querido creer en un futuro con esa versión de Carlos que cuadraba en mi imaginación tonta de adolescente de instituto acerca de cómo era: un Carlos íntegro, cariñoso, pendiente de mí y sobre todo confiable; y no un convenido, egocéntrico y mujeriego que solo agradecía mi compañía por ser su perrito leal.

* * *

Tras firmar mi renuncia en Recursos Humanos, los días siguientes se presentaron de lo más inesperados.

A los dos días hice una entrevista en una empresa por la cual me había interesado antes del cambio y, para mi sorpresa, salió bastante bien. Aunque aún no se habían puesto en contacto conmigo, estaba bastante convencida de que el puesto sería mío.

Por otro lado, pensé que, tras mi arranque de rabia, surgiría una pena profunda ante la idea de que mi historia con Carlos nuevamente no iba a poder ser, y esta vez de manera definitiva. Pero cerrar ese capítulo de mi vida no fue tan triste como imaginé; quizás porque la decepción era tan inmensa que había borrado cualquier ápice de encanto. Cuando acudían a mi mente recuerdos de otros tiempos, la manera de contemplarlos era muy distinta: antes veía en ellos más allá de lo obvio y siempre encontraba guiños al hecho de estar predestinados; ahora solo me arrepentía de lo estúpida que había sido en tantas ocasiones. De todos modos, esos recuerdos ocupaban una fracción mínima de mi espacio mental. Ni siquiera se volvieron más frecuentes tras recibir, a los tres días de haber dejado el trabajo, un mensaje muy típico de Carlos en el que me hacía saber cuánto le dolía mi partida, lo poco relevante que era su asunto con Chloe frente a lo importante que era yo, y cuánto le gustaría que cambiase de opinión respecto a mi renuncia laboral; pero que, de no ser ese el caso, siempre podría contar con él en mi vida.

Imagino que cuando uno cuenta con un cero a la izquierda, por mucho que cuente siempre llega al mismo resultado.

En cualquier caso, mi mente no perdía demasiado tiempo en el arrepentimiento que suponía acordarse de Carlos, sino que se torturaba con un arrepentimiento muy superior: el de haber perdido a Manu. No podía dejar de pensar en todos los momentos que habíamos compartido. Me sentía cínica, porque juzgaba duramente a Carlos por ser un aprovechado, y el hecho de pensar en Manu tras truncarse mis opciones con Carlos parecía muy similar y demasiado oportuno. Tanto que incluso yo intentaba evitar darle vueltas, pero no podía. Pensaba en su sonrisa, en sus chistes, en el olor de su coche, y sobre todo en nuestra despedida. Me dolían sus lágrimas, más de lo que lo habían hecho en su momento. Pero mi imaginación empezó a no limitarse a lo vivido, sino que empezó a fantasear con nuevos escenarios: me imaginaba un desenlace diferente, uno en el que Manu, tras haberse enfadado, me tomaba fuerte de la mano, me tiraba hacia él y me besaba apasionadamente.

Aquello me desconcertaba porque, aunque siempre había considerado a Manu alguien muy atractivo, nunca lo había mirado con esos ojos. De hecho, su forma de tratarme siempre me había resultado más tierna que sugerente, así que ahora no era capaz de entender qué me ocurría al pensar en él.

Soñaba con escribirle y saber cómo estaba, pero la vergüenza ante mis nuevos sentimientos y por cómo se habían dado las cosas me lo impedía.

A pesar de ello, cuando recibí la llamada para informarme de que me habían dado el trabajo, no pude reprimir más mis ganas de contactarlo, pues la única persona con la que me apetecía compartir la noticia era con él.

«Hola, Manu. ¿Cómo estás?», le dije por WhatsApp. Pero a medida que fueron pasando primero las horas y después los días, perdí la esperanza de obtener alguna respuesta por su parte. El hecho de sentirme ignorada me llevó a desarrollar casi una obsesión; resultaba tortuoso pensar que podría haber estado con él, y que ahora era tarde y lo había perdido. Probablemente él había experimentado la misma decepción hacia mí que la que tenía yo con Carlos en el momento en que decidí, a pesar de todo, trasladarme a la oficina nueva. Revisaba sus redes en busca de alguna respuesta, pero no obtenía ningún tipo de información de sus publicaciones más recientes. En un movimiento un tanto desesperado, contacté con Ruth para comer con la excusa de vernos y contarle acerca de mi nuevo trabajo en vistas de sonsacarle algo. Tras un rato pertinente de charla, me lancé:

—¿Y qué tal está Manu?

—Muy bien, no tienes que preocuparte. Al principio, cuando te fuiste, estaba algo mustio, pero está mucho mejor. De hecho está hasta animado. No sé si él y Tamara se traen algún rollo raro, porque van muy de amiguitos últimamente.

Escuchar aquello fue descorazonador. Intenté guardar la compostura lo mejor posible, pero al poco me disculpé con una urgencia familiar y me marché. Habíamos quedado a comer cerca de la antigua oficina, así que, tras escuchar lo que Ruth me había contado, no quería correr el riesgo de encontrarme con ellos.

A diferencia de cuando me había enterado de la noticia del supuesto embarazo de Nuria, que me había provocado un bloqueo emocional por lo inesperado, esta vez la emoción me golpeó sin piedad. En mi habitación lloraba con desconsuelo y desesperación al imaginar a Manu con Tamara; no podía soportar la idea, hasta el punto que decidí que necesitaba verlo y tenía que ser ese mismo día.

Viendo la hora que era, me acerqué a la estación de metro con la esperanza de llegar a tiempo para encontrarme con él en la puerta de su casa. Estaba nerviosa por el reencuentro. ¿Cómo reaccionaría al verme? ¿Y si llegaba acompañado de ella? Pero no estaba dispuesta a seguir dejando mi vida en manos del destino. No iba a esperar a que la vida nos juntase ni a quedarme de brazos cruzados, por mucho que toda esta situación fuese culpa mía. Igual estaba siendo egoísta o igual Manu me mandaba a freír espárragos, pero iba a asumir cualquier riesgo y mojarme hasta el cuello por lo que realmente quería.

—¿Qué haces aquí? —fueron sus primeras palabras, y rápidamente, para mi fortuna, pude ver que no estaba molesto ante mi presencia.

Conocía a Manu lo suficiente para saber que estaba sorprendido, o más bien descuadrado, pero no decepcionado.

—Necesitaba hablar contigo, y como no respondes a mis mensajes... —contesté, cayendo en la cuenta de que no había preparado lo que quería decirle.

—Bueno, aquí me tienes —dijo, levantando un instante los brazos para subrayar sus palabras.

—Quiero decirte que lo siento. Todo, mucho, no imaginas cuánto...

Empecé a hablar dejando que las palabras fluyesen solas, y viendo cómo ese semblante serio que Manu hacía por sostener se reblandecía con cada una de ellas.

—Tenías razón en todo: fui una boba persiguiendo a Carlos; pero fui aún mucho más boba no dándome cuenta de que todo lo que siempre he querido tener en el amor ya lo tenía contigo. Y lo más triste es que ahora que sé lo que significas para mí, no puedo demostrarlo, porque, en el momento en que me tocaba elegir, lo hice mal. Ahora daría cualquier cosa por volver atrás a ese instante y no marcharme, sino quedarme contigo; porque mereces sentirte elegido, porque nadie jamás me ha hecho sentir como tú. Pero por desgracia no puedo. Y sé que ahora estás conociendo a Tamara y que estoy siendo una egoísta de mierda; pero, Manu, si aún me das la oportunidad de demostrarte que te quiero, te prometo no desperdiciarla.

Tras quedarse unos instantes en silencio, seguramente asimilando todo lo que le había dicho, me miró y esbozó una sonrisa; esa que tanto había echado en falta todo aquel tiempo.

—Tanto juntarte con Carlos se te han pegado sus conductas, y ahora que estoy en una relación feliz con Tamara quieres buscarme —dijo, y escuchándolo sentí que me moría, pero no dije nada y lo dejé proseguir—. Lo curioso de esto es que no sé muy bien de dónde sacas esa información, porque Tamara y yo nos llevamos bien sin más. Pero el no estar con ella no quita que, efectivamente, el momento de elegirme pasó, y no digo que no me guste escuchar todo esto, pero no sé qué hacer.

—Perdonarme y dejarme demostrarte que el estar aquí no tiene nada que ver con que estés con alguien más ni con cómo han salido las cosas con Carlos. Creo que, cuando nos conocimos, estaba ya tan ciega con Carlos que no era capaz de ver más allá y he necesitado estar lejos de ti para comprender la falta que me haces. Si es tarde, lo aceptaré; pero al menos tenía que intentarlo, porque me estaba volviendo loca por no hacer nada. Tómate el tiempo que necesites para pensar —le ofrecí, entendiendo que era poco razonable por mi parte aparecer sin más y que todo estuviese resuelto.

—Sí, será lo mejor, necesito pensar. Y me vendría bien una buena amiga a la que contarle todo esto. ¿Quieres entrar a tomar algo? Pero solo a charlar, no te vengas arriba —añadió, sacándome una de esas carcajadas que solo él me provocaba en los momentos más tensos.

—Claro —respondí con una amplia sonrisa.

Pero, al pasar frente a él para entrar, nos rozamos sin querer y sentí como si la tierra temblara bajo mis pies, como si me hubiese alcanzado un rayo. De repente, se dibujaron en mi mente todos los momentos compartidos, todos aquellos gestos familiares y cotidianos que yo había interpretado erróneamente como faltos de química o pasión y que ahora veía cargados de un significado más profundo: Manu era mi otra mitad, mi complemento, el lugar en el que quería y debía estar.

Y él debió de sentir lo mismo porque, a pesar de lo que acababa de decir y de lo mal que lo había pasado por mí, me tomó por la cintura y me giró hacia él para plantarme un beso en los labios. Nunca un beso me había causado tanto estremecimiento. Y entonces comprobé que todo era como tenía que ser; definitivamente, me sentía en el lugar correcto, en casa.

Como os había dicho, las almas gemelas existen, pero no basta con coincidir con la nuestra para poder estar con ella. A menudo hay que recorrer un largo periplo lleno de obstáculos hasta descubrir que nuestro destino no está en lo desconocido o inalcanzable, sino mucho más cerca, y nos está esperando.

Preguntas para reflexionar

- ¿Alguna vez has creído estar profundamente enamorado/a de alguien a quien no conocías personalmente?

- ¿Qué crees que te lleva a enamorarte de alguien a quien no conoces?

- ¿Cómo podrías diferenciar entre el enamoramiento real y una idealización? ¿Qué señales indicarían que estás cayendo en una fantasía más que en enamoramiento auténtico?

- ¿Crees que la conexión a través de redes sociales o plataformas digitales favorece este tipo de «enamoramientos» en los que no conoces realmente a la persona? ¿Por qué crees que ocurre?

- Si piensas que es común idealizar a las personas cuando las conoces a través de internet, ¿qué efectos crees que tiene en la forma en que interactuamos con esas personas en la vida real?

- ¿Crees que la idealización obstaculiza el establecer una relación real?

- ¿De qué manera la idealización puede crear expectativas poco realistas en una relación de pareja? ¿Cómo puede afectar a las interacciones diarias y la resolución de problemas?

- ¿Alguna vez has idealizado a una persona o una relación y luego te has dado cuenta de que no era lo que pensabas? ¿Cómo te ha afectado?

- ¿Cómo crees que se puede encontrar un equilibrio entre admirar a tu pareja y conocerla tal como es?

Algunas conclusiones...

El enamoramiento, cuando se vive de manera sana y equilibrada, suele basarse en una conexión real y progresiva con otra persona. Sin embargo, lo que a veces consideramos enamoramiento, cuando se basa en el deseo, la fascinación y una pasión descontrolada hacia una persona que ni siquiera sabe de nuestra existencia, suele estar más relacionado con lo que se conoce como «limerencia»; un estado obsesivo e involuntario que se produce cuando alguien se siente profundamente atraído por otra persona sin tener una conexión real o cercana con ella. Este sentimiento no tiene base en el conocimiento mutuo, sino en la fantasía creada en la mente de quien lo experimenta. Es decir, las personas que sufren de limerencia tienden a idealizar a la otra persona, basándose en lo que desean ver y lo que les gustaría que fuera. Su obsesión por ser correspondidas puede llevar a un estado emocional tan intenso que puede llegar a confundirse con el verdadero amor, cuando en realidad es solo una proyección de deseos.

El problema real de la limerencia es que se alimenta de un ciclo de pensamientos repetitivos (idealización y ansias de que la otra persona responda a nuestro amor) que genera una ansiedad constante. Además, normalmente es difícil ser consciente de la existencia de este trastorno en uno mismo, porque evitamos reconocer que actuamos de manera irracional, que hemos confundido obsesión con enamoramiento o que la otra persona no tiene los mismos sentimientos que nosotros.

Por este motivo, es fundamental que quienes se encuentren en esta situación busquen el apoyo de personas cercanas o incluso profesionales que les ayuden a entender que este tipo de enamoramiento no es saludable ni realista. Aprender a reconocer la diferencia entre el enamoramiento genuino y la obsesión pasa por comprender que los sentimientos no correspondidos no son un reflejo del fracaso personal, sino una manifestación de nuestras propias necesidades emocionales que deben ser trabajadas.

Salir de este estado es una tarea difícil pero necesaria para poder establecer relaciones verdaderas y profundas que se basen en la reciprocidad, la confianza y el respeto mutuos y no en la idealización. Y es que, cuando idealizamos a alguien, creamos expectativas poco realistas sobre cómo debe ser esa persona o la relación con ella. Este idealismo nos hace ignorar sus defectos y vulnerabilidades y, cuando las expectativas no se cumplen, nos sentimos decepcionados o frustrados. A lo largo del tiempo, si insistimos en ver a la otra persona a través de una lupa, corremos el riesgo de no poder ver su autenticidad, lo que bloquea la creación de una relación real y auténtica.

Es cierto que la idealización puede ser natural al principio de una relación, pero es importante no perder de vista la realidad. La construcción de una relación auténtica y madura pasa por el entendimiento de que tanto las personas como las relaciones tienen altibajos, y que el amor real implica aceptar a la otra persona en su totalidad, con sus virtudes y defectos.